バカなおとなにならない脳

養老孟司

よりみちパン!セ 11

理論社

目次

本書は、理論社の*ホームページの『人間科学なんでも質問箱』のコーナーに、二〇〇五年二月までの間にメールで寄せられた質問・相談に対して、養老孟司さんが回答したものです。質問者の名前はすべて仮名にしてありますが、年齢・学年・都道府県名は投稿時のままを掲載しております。

*理論社ホームページ　http://www.rironsha.co.jp/

第1章

バカって治《なお》るんですか？

養老《ようろう》先生、バカって治《なお》るんですか。養老《ようろう》先生はどんな人が、バカだと思いますか。りこうな人はどんな人だと思いますか。どうしたらりこうになれるか知っていたら教えてください。

和《かず》くん（14歳《さい》）中二・東京都《とうきょうと》

あたまがわるい子はのうのしわがない、とかのうが小さいとか言われます。ほんとうにそんなにちがうのですか。それになんでシワなんかがあるのですか。それにのうミソのかたちやシワの多さは、頭のよしあしとかんけいあるんですか？

智也《ともや》くん（10歳《さい》）小四・千葉県《ちばけん》

父親から「おまえはバカだから、少しは頭を鍛《きた》えろ」って言われます。そんなことどうしたらできるんですか？　親に聞くと、「自分で考えろ」と言われました。頭がよくなるほうほう、きおく力がよくなるほうほうがあればおしえてください。

勉強ができる頭のいい子はスポーツができなくて、スポーツができる子は勉強ができないことが多いのはどうしてですか？

拓也《たくや》くん（10歳《さい》）小四・東京都《とうきょうと》

周《しゅう》くん（14歳《さい》）中二・鳥取県《とっとりけん》

そんなに簡単《かんたん》には決められない

バカとかりこうとか、頭がいいとかわるいとか、まあ子どももずいぶん気にしてるもんなんだねえ……。

でもねえ、はっきり言って、これは簡単《かんたん》に言えるような問題じゃないってことから、ちゃんと理解《りかい》してもらう必要《ひつよう》があります。

よく、キミたちのお母さんやお父さんたちは、なんでも「わかりやすく

簡単《かんたん》に、やさしく教えてくれ」って言うんだけれど、そのとおりにやったんじゃ、キミたちが知ってることしか教えられないからね。なんでも簡単《かんたん》にすりゃあいいってもんじゃありません。

さっきの四つの質問《しつもん》には、関連性《かんれんせい》があります。

少しだけ回り道をしながら、質問《しつもん》について考えていきましょう。

まあ、単純《たんじゅん》な事実からいきましょうか。

まず、脳《のう》ミソのかたちと、頭のよしあしは関係《かんけい》があるのか？　これはまったく関《かん》係《けい》がありません。大きさもたいして変《か》わりゃしません。それから、りこうな人は、脳《のう》のシワがたくさんあるっていうのも、根拠《こんきょ》のない俗説《ぞくせつ》です。

じゃあ、そもそも脳《のう》ミソのシワって、どうしてできたのか、そのことから説明《せつめい》していきましょう。

シワができるわけ

まず、人間の脳《のう》で、他の生物より飛躍的《ひやくてき》に発達《はったつ》・増大《ぞうだい》したのは、「大脳皮質《だいのうひしつ》」と呼《よ》ばれる部分なんです。

で、この大脳皮質《だいのうひしつ》っていうのは、脳《のう》の働《はたら》きにとって非常《ひじょう》に重要《じゅうよう》な部分でもあるんですが、じつは、これは厚《あつ》さ数ミリ、新聞紙一枚《まい》くらいの大きさの皮でできています。この、新聞紙一枚《まい》くらいの皮をね、頭の中に丸く収《おさ》めようとすると、茶筒《ちゃづつ》に皮を詰《つ》め込《こ》むみたいに、シワだらけにするしかないでしょ。わかりますね。

だから、大脳皮質《だいのうひしつ》が大きいほど、当然《とうぜん》シワは多くなるというわけです。こんなふうに、人間は大脳皮質《だいのうひしつ》が大きくなったから、その分、脳《のう》のシワも多くなったというわけです。といっても人間という生き物の中で、シワが多い少ないというのはとるに足らないことです。だいたいシワそれぞれ

に名前が付《つ》けられるくらい、決まったところにシワができるもんなんです。大きさやかたちだって、たいした差《さ》はありゃしません。

わかったでしょ？　だからシワの数で、その人間がバカかりこうかは、わかりません。

ついでですけどね、人間ばかりじゃなくて、ほとんどのほ乳類《にゅうるい》の脳《のう》にはシワがありますよ。いちばん脳《のう》のシワが多いのは、イルカ。イルカはものすごく、脳《のう》のシワが多い。しかも人間より細かいシワがね。逆《ぎゃく》に、ネズミとかの動物は、ツルツルなんだよ。

さて、人間の脳《のう》ミソ、シワの数も大きさもかたちも関係《かんけい》ないんだとしたら、頭のよしあしって、いったいどう考えればいいのか？　どういう人のことを、人はバカだと思い、どういう人を人はりこうだと思うのか？

こういうことを考えるとき、本当はまず第一にきちんとしておかないといけないことがある。みんながごまかしてるけどね、大切な問題です。

つまり、頭のよしあしを、どんなものさしでそれを計るのかって、そこのところをはっきりさせないといけないってこと。

だってそうでしょう？　それをはっきりさせないまま、バカだとかりこうだとか、頭がいいとかわるいとか、そんないいかげんなこと言ってたって、意味ないじゃないですか。

勉強とスポーツの関係《かんけい》

まあ一般《いっぱん》に、世の中でりこうな人というか、りこうそうな人に見えるためには、まず「コトバの能力《のうりょく》」がないとダメだとは思うでしょう。うまくしゃべれる、ってことですね。とはいえ、このものさしは完璧《かんぺき》なように見えますが、ほかのものさしをもってくれば、またちがう見方もできるんです。あとでくわしく話します。

それとね、最後《さいご》の質問《しつもん》にもあるように、世間にいちばんよくある誤解《ごかい》は、「からだを動かすことは、脳《のう》ミソと関係《かんけい》ない」というような考えかた。それはまったくの勘《かん》ちがいです。脳《のう》ミソがちゃんとしていないと、からだは動かない。たとえば脳卒《のうそつ》中《ちゅう》になってしまって、からだが動かなくなってしまった人とかを見れば、わかりますよね。

ですから、一流の運動選手《うんどうせんしゅ》は、ある意味では非常《ひじょう》にいい脳《のう》ミソをしていると言えるんです。ところが、一流の運動選手《うんどうせんしゅ》でも、しゃべるのが上手《じょうず》じゃない人もいるでしょう。でも、そんな人のことをバカだとかなんだとか言う人はあまりいません。それを考えれば、かならずしもうまくしゃべれることが、頭がいいということとはかぎらない。

まあそこまで極端《きょくたん》な話は置《お》いておくとして、勉強ができる子はスポーツができなくて、スポーツができる子は勉強ができなくて、みたいな関係《かんけい》は、一見たしかにあります。だって東大、野球うまくないからね。でも、それはなぜかというとね、頭

を使ってる人というか、勉強する人は、あんまり運動しない、からだを使わないってこともあるんじゃないかな。単純《たんじゅん》に時間配分の結果《けっか》ということもある。

少し話はそれますがね、このことに関係《かんけい》する、興味深《きょうみぶか》い話があります。NHKで三年前から、子どもの生活のありかたのちがいが、どんな結果《けっか》をもたらすかという調査《ちょうさ》をしています。その中で、一日のうち、どれくらいテレビを見ているかとか、そういうことも細かく親に記録《きろく》してもらって、統計《とうけい》をとっているんだ。だって、テレビの影響《えいきょう》がどうとか、おとなはすぐ言うくせに、じっさいの調査《ちょうさ》をしてこなかったわけでしょう？　おかしいからぜひやるべきだ、と言ったんです。

それで今年で三年め。そうしたら、三歳《さい》くらいの子どもで、字をどれだけ知っているか、つまり、識字率《しきじりつ》が高いということと、外遊び時間の多さが、はっきりと関係《かんけい》していることがわかったんです。やっぱり、外遊びするということは、人と付《つ》き合《あ》う、いろいろ遊ぶ、活発に動く。そういう子は、じつは識字率《しきじりつ》が高いということがわかっています。このことは、これから説明《せつめい》する、脳《のう》の働《はたら》きの基本《きほん》と、おおいに関係《かんけい》してきます。

いずれにしてもね、頭のよしあしなんて、計りかた、ものさしによって、ものすごくちがう。つまり、人によって頭の得意技《とくいわざ》がちがう。運動のほうに、脳《のう》の働《はたら》きのよさが出る人もあるし、言葉のほうに出る人もあるということです。

脳《のう》の働《はたら》きの基本《きほん》

ここでキミたちにまず知っておいてほしいのは、人間が、「何かをできる」ということには、すべて脳《のう》ミソが関係《かんけい》しているってことです。すべては脳《のう》の働《はたら》きの問題なんですよ。

では、それはいったい、どういうことなのか。

これからお話しします。図を見ながら、読んでください。

図のように、人間の脳《のう》には、まず中央に中心溝《ちゅうしんこう》っていう溝《みぞ》があります。

そしておおざっぱに言うと、この中心溝《ちゅうしんこう》の後ろの大脳皮質《だいのうひしつ》は、外部から

の刺激《しげき》が「入力」してくる側《がわ》なんです。厳密《げんみつ》にいうと新皮質《しんひしつ》が脳《のう》の表面に被《かぶ》さってるわけですけどね。古い皮質《ひしつ》は、かくれてて見えません。

で、図で示《しめ》したあたり、後《うし》ろ側《がわ》のいちばんはっきりしたところから、からだの触覚《しょっかく》から入る刺激《しげき》が上がってくる部分。それから、視覚《しかく》つまり目から入る刺激《しげき》が上がってくる部分、それから、聴覚《ちょうかく》、つまり耳から入る刺激《しげき》が上がってくる部分とあります。聴覚《ちょうかく》について言えば、網膜《もうまく》に入った刺激《しげき》は、まずここに上がってくる、ということです。

で、つぎに、それらの入力されてきた刺激《しげき》が、中心溝《ちゅうしんこう》の前あたりにある、運動に関《かん》する領域《りょういき》の「運動野」を通って、前頭葉《ぜんとうよう》で折《お》れ返《かえ》るようにして、「出力」される、という仕組みです。

要《よう》するに、五感として刺激《しげき》を「入力」し、その結果《けっか》を「運動」として「出力」しているのが、脳《のう》の働《はたら》きだということになります。

入出力のループ

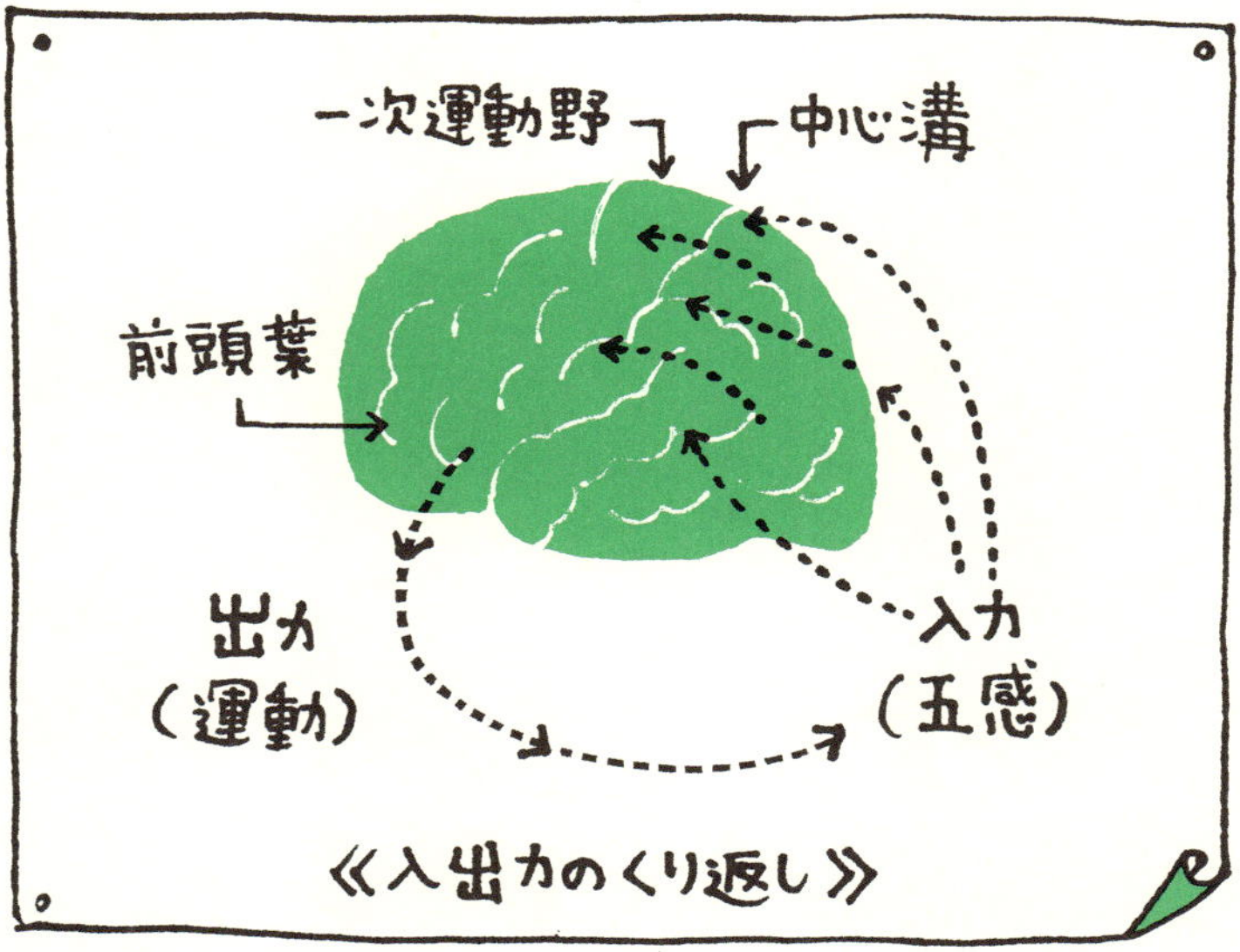

　ところで、入るほう、つまり「入力」は、五感で行われるので五つありますが、出るほう、つまり「出力」は、筋肉《きんにく》を収縮《しゅうしゅく》させるということだけしかありません。
　ここでもうひとつ大切なことは、筋肉《きんにく》を収縮《しゅうしゅく》させる、つまり動かすということは、かならずその外部に影響《えいきょう》を与《あた》える、あるいは外界が変化《へんか》する、ということです。また、そうやって、何かを「する」という出力は、かならずそれにと

もなう入力または入力の変化《へんか》を引き起こす、と言えます。で、またさらに、その入力により、出力がなされる。そのくり返し。つまりここに、くり返しのループができるっていうことが、脳《のう》の働《はたら》きの基本《きほん》だということなんです。

わかりやすく言えば、声を出すという出力により、自分や相手の声が聞こえ、それが入力される。声がでかいよ！　なんて怒《いか》りの声が入力されたら、こんどは少しボリュームをおとしたりして、しゃべる、出力するでしょ？　それからたとえば、散歩《さんぽ》をするとする。一歩進めば、目に映《うつ》る景色《けしき》は変《か》わりますね。で、どんどん進んで、たまたま目の前に犬の糞《ふん》でも見つけたら、それを避《さ》けるために、つぎは斜《なな》めに足を出すとかするわけでしょう？　単純《たんじゅん》な例《れい》ですが、入出力とは、そんなことです。で、この入出力がちゃんと回っていること、ループしていることが、脳《のう》がちゃんと働《はたら》いている、っていうことなんですね。

くり返しで、人は学ぶ

で、脳《のう》の活動は、ずっと一生そのくり返しなんです。だから根本的《こんぽんてき》には脳《のう》は、このくり返しでつくられます。しかも、毎回くり返しているようでいて、少しずつらせん状《じょう》に上っていくみたいに、そのくり返しから、いつの間にか脳《のう》は変《か》わらない規則《きそく》を学習していくんです。一回ごとのくり返しをすべておぼえていたら、頭は破裂《はれつ》しちゃいますから、そういうことは脳《のう》は関知《かんち》しないんです。脳《のう》がやるのは、くり返しやってもいつも変《か》わらない、ということの規則《きそく》を、いつの間にか学習しているということなんです。

この学習が積《つ》み重《かさ》なると、どうなるか。

たとえば、比例《ひれい》するふたつの三角形。ひとつは遠くにあって、ひとつが近くにあるとするでしょ。それをしょっちゅう、いろんなところから見て

いると、最終的《さいしゅうてき》に脳《のう》ミソが何をおぼえこむかというと、比例関係《ひれいかんけい》なんです。そんなふうに、脳《のう》は、あっちからもこっちからも、いろんな距離《きょり》から見ているあいだに、変《か》わらないこと、変《か》わらない性質《せいしつ》だけを、おぼえていくんです。

で、算数で比例《ひれい》を習うと、ふつうはキミたち、外側《そとがわ》に「比例《ひれい》」という規則《きそく》があって、その、外側《そとがわ》にある規則《きそく》を自分が学んでいるんだ、なんて思ってるでしょう。

ぼくが言いたいのは、キミの頭の中に、くり返し学んだすえにすでにわかっている「比例関係《ひれいかんけい》」がじつは最初《さいしょ》からあるんだっていうことです。むずかしく言うと、外部的《てき》に外側《そとがわ》から説明《せつめい》してもらうと、頭の中にあるから、わかる、ということ。それが脳《のう》の働《はたら》きというものなんです。ふつう考えるのと、ちょうど逆《ぎゃく》でしょ。

それと同じことで、キミたちは学校で、外からいろいろ教えられるもんだと思っているでしょう？　でも、そうじゃない。わかるというのは、もともと自分の中にわかるだけのものが、ループのくり返しによりでき上がっていて、それを外から説《せつ》明《めい》されるから、わかるんだ。

脳《のう》は、変《か》わらないことだけを残《のこ》す

「学習」っていうのはね、さっきも言ったように、入力と出力をくり返しくり返し回していくことで、脳《のう》がひとりでに「変《か》わらない」ということだけを残《のこ》していくということなんです。それがものをおぼえる、学習する、身につくってことなんです。

いっぽう、新しい体験《たいけん》をするときなんかは、入力をよく考えて、よくよく注意しながら行うでしょう？　前に一度だけ、誰《だれ》かに連《つ》れてきてもらった家に、こんどははじめて一人で行くときなんか、そうとうキョロキョロしながら、注意深く行きますよね。新しく学習していくわけです。でも、このあと、何度も行ったりすれば、いつか簡単《かんたん》にたどり着けるようになるっていうわけです。

「文武両道《ぶんぶりょうどう》」、とか「知行合一《ちこうごういつ》」という言葉、ぼくはよく言います。入れるほう、入力を「文」あるいは「知」といって、出すほう、出力を

「武《ぶ》」あるいは「行」だって。本来はそれで文武両道《ぶんぶりょうどう》、知行合一《ちこうごういつ》なんです。「文武両《ぶんぶりょう》道《どう》」っていうのも、江戸時代《えどじだい》に誤解《ごかい》が起こったんです。「文」は本を読むこと、たとえば午前中は『論語《ろんご》』とか読んで、午後になったら竹刀《しない》持って殴《なぐ》り合《あ》いするのが「武《ぶ》」。で、どちらも両方できるのがサムライだなんて誤解《ごかい》を、みんなでしてしまったから、「文」と「武《ぶ》」が分離《ぶんり》しちゃった。

「知行合一《ちこうごういつ》」っていうのも同じような誤解《ごかい》がありますけど、本来は、両方が分離《ぶんり》せず、ひとつであるということ。さっきから説明《せつめい》している脳《のう》の入出力と学習との関係《かんけい》と同じことを言っているんだと思いますよ。

「考える」ってどういうこと?

なんらかの障害《しょうがい》があって、筋肉《きんにく》が動かないとしますね。そうすると、たちまち「学習」が遅《おく》れます。それは頭がわるいんじゃなくて、ループが回っていないからです。「出力」が働《はたら》かず、脳《のう》の活動が回っていないということなんですね。

だから、障害《しょうがい》のある赤ちゃんでも、ある程度《ていど》、からだを使わせるようにしたほうがいいということがわかっているんですよ。おとなが手伝《てつだ》って、少しでも自分でハイハイとかができるようにしてやると、言葉がしゃべれるようになることがある。自分の筋肉《きんにく》を動かして動く。そうすると何かの音が聞こえたり、風景《ふうけい》が変《か》わったりする。そうするとそれにまた反応《はんのう》して進む。これで入出力が回り出すと、言葉も回り出します。だから、自分のからだで動くっていうことは、とくに小さいときは、脳《のう》の発達《はったつ》のためには、本当に大切なことなんです。

まだ寝《ね》たままの赤《あか》ん坊《ぼう》でも、手を動かしたり、足を動かしたり、それをじっと見ているでしょ。でも、動いているものに、たんに興味《きょうみ》を示《しめ》しているだけじゃダメなんですよ。学習の基本《きほん》は、とにかく入力して出力する。出力すなわち、からだを動かす、ということです。

キミたち、親が教育熱心《きょういくねっしん》だったりすると、幼児《ようじ》教育《きょういく》のビデオとかを椅子《いす》かなんかに行儀《ぎょうぎ》良く座《すわ》らせられて見せられた経験《けいけん》、あるんじゃないの？

一方的《いっぽうてき》に見せられてるようなのはダメなんだ。入力だけで、からだを動かすことが欠《か》けてるからね。それじゃ、回らなくなるんです。

さて、こういう入出力のループを、ある程度《ていど》、身につけるでしょう。そうすると、脳《のう》はある程度《ていど》の広さがあるので、こんどは脳《のう》の中だけでも、このループを回せるようになるんですよ。脳《のう》の一部分から出力して、脳《のう》のほかの部分で入力できるようになる……。小さなループができるんです。自給自足《じきゅうじそく》ってことですが、じつはこのことを、「考える」っていうんですね。かならずしも外部的《がいぶてき》な入出力を必要《ひつよう》とせずに、回せるようになるわけです。

脳《のう》が大きくなると、こんどはそれを維持《いじ》するためにも、こういうふうにムダなグルグル回しを始めるわけなんですね。ほかのからだの部分と同じで、動かしていないと、脳《のう》も退化《たいか》してしまう、というわけです。もちろんこれは、意識《いしき》して回さなくても、自然《しぜん》にグルグル回ってるもんです。

小学生くらいになると、かならずしもからだを動かして入出力しなくても、脳《のう》の中でループを回せるようになります。わかるでしょう?

でも、小学校以前《いぜん》の子どもは、とにかく外で回していかないとだめです。だから、ぼくはしつこくいつも、幼児《ようじ》にはいろんな環境《かんきょう》で、いろんなことをさせろというんです。そうすれば、脳《のう》の中にいろいろなルールが増《ふ》えてくる。学習が蓄積《ちくせき》されてくる。そしたら、それがあとで使えますよ。

世の中には、中で回すのが得意《とくい》な人と、中で回すのが不得意《ふとくい》な人がいますよね。わかるでしょ?

とんでもない脳《のう》の能力《のうりょく》

質問《しつもん》の根本にもどります。バカ、りこうって何だってことだけど、まず、ものさしに何を使うか、ってことが、重要《じゅうよう》。

それから、脳《のう》の働《はたら》きや発達《はったつ》には、入出力のグルグル回し、っていうのが

だいじなんだ、ってことが前提《ぜんてい》になるわけです。

で、まだ終わりじゃないよ。

最初《さいしょ》のほうで、言葉の得意《とくい》な人はどっちなんだ、っていうような話もしましたけど、さらに言うと、脳《のう》というのはいろんな働《はたら》きを持ってて、たとえば言葉がうまくできない、あるいはほとんどできない人っていうのがいます。

そういう人は、ふつうの社会生活をするのが少しむずかしい。だけど、しばしばとんでもない能力《のうりょく》を持ってることもあるんです。

たとえば山下清《やましたきよし》、知ってるでしょ？ すごく絵が上手《じょうず》。日本の場合《ばあい》は、よく、そういう絵描《えか》きさんが注目を集めたりしてきました。

それからどこかである音楽を一度聴《き》いたら、もう家に帰ってすぐ弾《ひ》ける、っていう人もいるんです。

こういう人たちのことを、むずかしく言うと、「サヴァン症候群《しょうこうぐん》」といいます。

賢《かしこ》い知的障害者《ちてきしょうがいしゃ》っていう意味ですが、絵や音楽ばかりじゃなくて、ほかにも、いろんなことがみごとにできる人がいます。

たとえば何年何月の何日が何曜日だっていう「カレンダー計算」が、一瞬《いっしゅん》にしてできる人がいたりする。この場合《ばあい》、明らかに頭が計算機《き》として動いていて、そういう計算のしかたが、式が、頭の中で、ひとりでに動いちゃう。こういうのはコンピュータで言うとアルゴリズムって言うんだけど、計算のやりかたね、これが頭の中に入っているんですね。ところが本人に、どうやって計算したの？　と聞くと、わからない、よくわからないけど、たぶんこうなんだと思う、って言う。努力《どりょく》して計算してるわけじゃない。ほとんど自動的《じどうてき》にできるんです。

なぜ、それができるかわからないのに、答えのほうは合っている。不思議《ふしぎ》でしょ？　しかも、おもしろいことに、その中には、子どものときに野球のボールが頭に当たってからできるようになったっていう人もいるんだ。冗談《じょうだん》じゃないよ、本当です。

十九世紀《せいき》に有名だった、ロムブロゾオって教授《きょうじゅ》が書いた『天才論《ろん》』とい

う本があって、そこには、子どものときに頭を打って、ある種《しゅ》の天才になった人の例《れい》さえ、いっぱい出ているんですよ。そういうのはなんなのか、ぼくにはまったくわかりません。

電話帳を丸ごと暗記

理屈《りくつ》は理屈《りくつ》で置《お》いておくとして、こんなふうにね、頭の中のことは、わからないことがいっぱいあります。子どもにあって、おとなにない能力《のうりょく》もある、と最近《さいきん》は疑《うたが》ってたりしますしね。例《れい》をあげると、機械的記憶力《きかいてききおくりょく》とかは、中学生くらいまでは抜《ばっ》群《ぐん》でしょう。歴史《れきし》の年代を丸おぼえして、忘《わす》れなかったりする。で、そういう機械的《きかいてき》な記憶力《きおくりょく》とかも、サヴァン症候群《しょうこうぐん》の人って、標準《ひょうじゅん》を越《こ》えて強いんですよ。

アメリカの人でね、電話帳を丸ごとおぼえちゃう人がいる。この人、音楽好《ず》きで、たとえば、モーツアルト、なんて言われると、とつぜんなにか歌い出したりする。

でも、モーツアルトの曲じゃないんだ。何それ？　って聞くと、この曲を作曲したのは誰《だれ》それで、作曲された年はモーツアルトの生まれた年……なんて言う。

頭の中でつながっているんだよ、いろんな記憶《きおく》が。だから記憶《きおく》のよしあし、なんて簡単《かんたん》に言うけど、本当に記憶《きおく》がいい人って、こんなふうに想像《そうぞう》を絶《ぜつ》して、とんでもない能力《のうりょく》を持っているんです。

ロシアの心理学者のルリアって人も、モスクワに住んでいたユダヤ人の、これまたとんでもない記憶力《きおくりょく》を持った人を調べて『偉大《いだい》な記憶力《きおくりょく》の物語』って本を書いています。でも、その、常人《じょうじん》では考えられない記憶力《きおくりょく》を持った人は、それだけを芸《げい》にして食ってたんです。というのはね、ほかに何にもできなかったから、それを仕事にするしかなかったというわけです。

そのルリアが書いている有名な話だけど、ある会場でね、百桁《けた》の数字をその場で言って、それをおぼえて、しかも逆《ぎゃく》からも言えたっていうんだね。しかも、それから十年経《た》って、もう一度、その数字を逆《ぎゃく》から言ってごらん、

って言ったら、たった一つまちがえただけだったという……。

どうして、そんなことをおぼえられたのかというとね、その人の場合《ばあい》はね、わりあい自分のやりかたがわかっていて、子どものときに育ったかいわいに並《なら》んでいた店に、一個《こ》一個《こ》数字を当てはめておぼえていたというんだね。もちろん百軒《けん》も店はなかったから、こんどは店の一軒《けん》一軒《けん》にあった何かと結《むす》びつけたりもしていたらしい。そういうふうに一度おぼえたら、その人は、もう忘《わす》れないんだっていう。

まあ、よく「記憶術《きおくじゅつ》」とかのたぐいの本に、似《に》たような記憶《きおく》の方法《ほうほう》が書かれていたりしますけれどね。

でも、誰《だれ》もがそういうふうに記憶《きおく》できるかといえば、人によってまったくちがう。よく、記憶《きおく》は連想《れんそう》だ、だから、自分の知っている何かと結《むす》びつけておぼえるといいとかなんとか書いてあるけど、ぼく自身は、そんなことはまったくできません。

話が長くなったけれども、記憶《きおく》のよしあしっていうのも、いわゆる頭のよしあしとはあんまり関係《かんけい》なさそうだ。というか、これまたひとつのものさしでしかないってことがおわかりでしょ。それと、計算能力《けいさんのうりょく》とか機械的記憶力《きかいてききおくりょく》とか、そういう能力《のうりょく》は、しばしば、むしろ脳《のう》になんらかの障害《しょうがい》がある人のほうが優《すぐ》れていたりするってこともあるってことです。

ダイレクトに反応《はんのう》する細胞《さいぼう》

ところで、ぼくたちが生きている複雑《ふくざつ》な世の中で、人間にとって、もっとも必要《ひつよう》な能力《のうりょく》といったら、他人を理解《りかい》する能力《のうりょく》、そして相手にものを伝《つた》えて、逆《ぎゃく》に相手からものを伝《つた》えてもらう能力《のうりょく》だ、ということはわかるでしょう？

つまり、言葉の能力《のうりょく》と、それから相手の気持ちを察《さっ》したり、見抜《みぬ》いたりする能力《のうりょく》。このふたつが、人間にとってとてもだいじだってことは、思い当たるでしょ？　で、その能力《のうりょく》がない人が、しばしばバカって呼《よ》ばれるよね。

他人のことを理解《りかい》する、っていうのはまあ、ひと言で言えない、むずかしいことですがね。言葉を駆使《くし》したり、いろいろおたがいしますけど、おとなになったって、容易《ようい》なことではないです。だからこそ、おもしろいわけですが。

で、そのことに関連《かんれん》して、最近《さいきん》、おもしろいことがわかってきたんですよ。何がわかってきたかというと、「ミラーニューロン」と呼《よ》ばれる、相手がやってる動作にいきなり反応《はんのう》する細胞《さいぼう》がある、っていうことです。

自分があることをするときに、脳《のう》の中に、きわめて活発に動く細胞《さいぼう》（ニューロン）がある。で、その細胞《さいぼう》は、他人がそれと同じことをしているのを見ているだけでも、活動するんだ、ということがわかってきたんですよ。つまり、他人の動きを見ながら、脳《のう》はまるで自分がその行為《こうい》をしているかのような反応《はんのう》をする、ということなんです。さらにね、その、相手がやっている行為《こうい》を、こんどは自分がやると、さらにそれまでの倍くらい反応《はんのう》が強くなる、ということもわかってきた。

それがまるで、鏡《かがみ》に映《うつ》っているかのような感じなので、この細胞《さいぼう》は「ミラーニューロン」と名付《なづ》けられたというわけです。

　このニューロンがどんな機能《きのう》を果《は》たしているのかは、まだ確実《かくじつ》にはわかっていません。でも、他人の心の状態《じょうたい》を推測《すいそく》したり、相手の気持ちに共感《きょうかん》する、ということとかに、何かしら影響《えいきょう》があるんじゃないかって言われています。

で、この細胞《さいぼう》は、脳《のう》の「運動性言語野《うんどうせいげんごや》」というところにありますから、言語、つまり言葉の発達《はったつ》との関係性《かんけいせい》も指摘《してき》されています。

　この細胞《さいぼう》は、最初《さいしょ》、猿《さる》で見つかりました。

　発見した研究者は、猿《さる》の脳《のう》に、どこが働《はたら》いているか知るための電極《でんきょく》っていう針《はり》を刺《さ》して、まあ別《べつ》の実験《じっけん》をしていたわけです。でも、始終猿《さる》を見張《みは》ってるわけにいかないから、電極《でんきょく》が反応《はんのう》すると音が出るようにしたんです。そして、あるとき、休憩《きゅうけい》中にね、研究者のほうが猿《さる》から見えるところでアイスクリームを食べていたら、いきなりガーっていった。あ、猿《さる》の脳《のう》が動いている、

と。研究者は何がなんだかわからない……。それで、まあまたアイスクリームを食ったら、またガー。で、どうもアイスクリームを食ってるのを見て反応《はんのう》してるんじゃないかって、こんどは猿《さる》にアイスクリームを与《あた》えてみたら、もっと激《はげ》しく脳《のう》が反《はん》応《のう》した。そういう実験《じっけん》で、この「ミラーニューロン」って細胞《さいぼう》があることがわかったわけです。

猿《さる》はわれわれと同じく、ある程度《ていど》の社会的《しゃかいてき》な生活を営《いとな》んでいる動物です。つまり、他の個体《こたい》が何をしてるかってことに非常《ひじょう》に影響《えいきょう》を受けるっていうことです。

で、この細胞《さいぼう》が発見されたってことは、直接《ちょくせつ》、脳《のう》ミソが他の個体《こたい》から影響《えいきょう》を受けるってことがわかってきたっていうことでしょう？　つまり脳《のう》ミソというのは、相手のやってることが直《じか》に伝《つた》わるって性質《せいしつ》も持っているんだ、ということがわかってきたというわけです。

でも、よく考えれば、そういうものがないとしたら、われわれのね、人を理解《りかい》するとか、人と人の関係《かんけい》とかって、すごく間接的《かんせつてき》でしょ？　テレパシーかオカルトか（笑）……。まあ、さっきも言ったように、言葉で伝《つた》える、とか、長年いっしょにいればだいたいわかる、ってのはありますけどね。しかし、それだけじゃない、と。

生まれたときは、真っ白

さて、少し質問《しつもん》にもどりましょうか。「父親に脳《のう》みそを鍛《きた》えろと言われる」というのがありました。でも、やりかたがわからない、と。

まあ、最初《さいしょ》に言った学習の話とまったく同じで、いろんな状況《じょうきょう》に身を置《お》いて、いろんな入力の刺激《しげき》と、出力とをくり返す、というのがいちばんですよ。

脳《のう》ってのはね、決まりきった状況《じょうきょう》に置《お》かれるのが、いちばんよくないんです。決まりきった状況《じょうきょう》って、極端《きょくたん》に言えば、部屋《へや》にずっと閉《と》じ込《こ》められている、とか、ずっと部屋《へや》に閉《と》じこもっている、とかね。そこから出されない、出ない限《かぎ》りは、いろんな能力《のうりょく》が発達《はったつ》しません。

なにもしないでもできてくるのは、生まれつき遺伝子《いでんし》によってできてくる能力《のうりょく》だけです。たとえば、どんなのがあるかというと、「喜怒哀楽《きどあいらく》」です。喜《よろこ》んだり、怒《おこ》ったりすることは、外から何も入力しなくても、たとえば目が見えなかったり、耳が聞こえなかったりする子どもでも、ある時期がくれば、そういう表情《ひょうじょう》はひとりでに、かならず出現《しゅつげん》してきます。つまり息をするのと同じで、本能的《ほんのうてき》なものです。この本能的《ほんのうてき》な行動は、回りがどうでも、関係《かんけい》なく出てくる。ところが、大脳新皮質《だいのうしんひしつ》は、生まれたときは真っ白だと思っていい。つまり何も入っていない。そこへは全部、あとから入ってきます。動物によってその時期はちがいますが、ある時期までに、ここへちゃんとした刺激《しげき》が入らないと、脳《のう》は発達《はったつ》しません。

脳《のう》の中の競争《きょうそう》

たとえば、目。明るい暗いは生まれつきわかりますが、やっぱりある時期までに、きちんとしたかたちが網膜《もうまく》にうつるような刺激《しげき》が与《あた》えられないと、その目はやがてほとんど見えなくなります。

残酷《ざんこく》だと思われるかもしれないけれど、猫《ねこ》の右目の結膜《けつまく》を縫《ぬ》い付《つ》けて、ぼんやりとしたかたちしか見えない状態《じょうたい》にしてしまうとするでしょ。そう

すると、その右目につながっている脳《のう》の領分《りょうぶん》が退化《たいか》して、左目のために働《はたら》く領分《りょうぶん》に変《か》わってしまい、最終的《さいしゅうてき》に右目は見えなくなってしまいます。右目が機能的《きのうてき》に悪いわけじゃないのに、こういうことが起こる。

人間の場合《ばあい》でも、目の軸《じく》がずれている、いわゆる「斜視《しゃし》」だと、その目につながっている脳《のう》の領分《りょうぶん》が退化《たいか》して見えなくなることが、いまではよくわかっていますから、最近《さいきん》では、生まれてからなるべく早く治《なお》してあげるようになっています。

こういうふうに、たとえば両目は、脳《のう》の中ではじつは競争関係《きょうそうかんけい》にある。この場合《ばあい》、軸《じく》がずれているほうが競争《きょうそう》に負ける。脳《のう》ミソの中には、さっき話したように、右目と左目の「領分《りょうぶん》」が、交互《こうご》に均等《きんとう》にあるんだけれど、軸《じく》がずれている目の領分《りょうぶん》は、そうでない目の領分《りょうぶん》に侵食《しんしょく》されてしまう。

それからおもしろいことに、猫《ねこ》に、産《う》まれたときから、縦《たて》じまばかりで、横じまをいっさい見せないと、その猫《ねこ》には横《よこ》じまを認識《にんしき》する細胞《さいぼう》がなくなるんです。で、その猫《ねこ》は横じまが見えなくなるんですよ。この猫《ねこ》は、横じま模様《もよう》がランダム模様《もよう》に見えてるはずなんです。

入出力のループを回せ

こんなふうに、脳《のう》の働《はたら》きというのは、いろんな刺激《しげき》が入ってくることによって、構造的《こうぞうてき》にできてくるものなんです。

さっきも説明《せつめい》したように、視覚《しかく》とか、かたちを認識《にんしき》するような能力《のうりょく》は、生まれてすぐに、ちゃんとした刺激《しげき》を与《あた》えられないと発達《はったつ》しない。で、言葉のほうの能力《のうりょく》は、もう少し経《た》ってから、一歳《さい》から二歳《さい》くらいでも間に合う、発達《はったつ》する。それでも、刺《し》激《げき》、つまり言葉を十分に入れてもらえないとか、あるいは虐待《ぎゃくたい》を受け続《つづ》けるとかが中学生くらいまで続《つづ》いてしまうと、手の打ちようがなくなる。そして、言葉がなかなか出なくなってしまいます。

いっぽう、人間の脳《のう》の可塑性《かそせい》には、すごいものがあるんですよ。おとな

だったら病気で脳《のう》が半分壊《こわ》れてしまったら、半身不随《はんしんふずい》になりますが、高校生以前《いぜん》だと、脳《のう》が半分やられてても、半身不随《はんしんふずい》どころか、ある程度《ていど》動くまで回復《かいふく》する場合《ばあい》があります。

もちろん、高校生以降《いこう》だと、脳《のう》の機能《きのう》が、ほぼすでに決まってしまっています。だからそれ以降《いこう》の年代になって、脳《のう》に障害《しょうがい》を受けてリハビリするのは、まあ、かなりたいへんです。でも、脳卒中《のうそっちゅう》で言葉が不自由《ふじゆう》になっても、回復《かいふく》は完全《かんぜん》に不可能《ふかのう》じゃない。ある程度《ていど》しゃべれるようになったりするんです。

これでだいたい、おおまかな脳《のう》の説明《せつめい》は終わりです。最初《さいしょ》にあったみなさんからの質問《しつもん》にも、少しは答えられてるでしょ。

まあ、脳《のう》のことは簡単《かんたん》に考えちゃだめってことですね。

それにね、バカとかりこうとか、頭がいいとかわるいとか、そんなに簡単《かんたん》に言うな、ってことです。正しい、ひとつだけの基準《きじゅん》なんて、ないってことです。

何をものさしにしてそんなこと言うのか、ってことをまず考えないとね。

それから脳《のう》は発達《はったつ》するんだ、ってこと。キミたちまだ子どもなんだから、まあせいぜいいろんな刺激《しげき》を入力して出力して、ループをどんどん回しておけ、っていうことですよ。

それから、おぼえておいてほしいのは、出力つまりループを回すための出口は、何度も説明《せつめい》したように、筋《きん》の収縮《しゅうしゅく》、つまり、運動、というひとつだけしかありません。

キミたちは、なんでもかんでも便利《べんり》な世の中に住んでるわけでしょ。からだを使う機会《きかい》なんて、めったにありゃしません。

じゃあどうしたらいいか、ってことですよ。

以上《いじょう》で、長い前置《まえお》き、オワリ。

第2章

寝《ね》ないとバカになる、って本当《ほんとう》ですか？

算数、見てるだけでぼ～っとします。

「お前は頭がわるい」とよく両親に言われ、自分でそうなりたいと思ったんじゃないのに、すごく頭にきます。とくに算数が苦手なんです。問題見ているだけでぼ～っとしてしまうのです。国語とか、本はきらいじゃないし、マンガの推理《すいり》ものとかよく当たるほうなのですが、頭のよしあしって、なにで決まるのですか。算数が苦手なのは、もっと勉強すればよくなるのでしょうか。

哲《さとし》くん（11歳《さい》）小五・高知県《こうちけん》

これはね、「オマエは頭がわるい」って言うキミの親のほうが、頭わるいんだよ。さんざん話したように、頭のよしあしは簡単《かんたん》にわかるわけないんだから。どういう意味でわるいんだよって、まずキミは、親にキチンと聞き返さなきゃいけない。

それに、「算数が苦手、問題を見ているだけでぼ〜っとしてしまう」のか、かわいそうに……。これもキミのせいじゃないね。

キミね、算数なんて、ホントは、わからないはずがない。バカみたいなもんなんだ、あれは。ちゃんとループを回してる人は、誰《だれ》だってわかるはずなんだよ、算数なんて。キミが算数がわからないって思うようになっちゃったのは、算数を嫌《きら》いにさせられたからなんだよ。上手《じょうず》に教えてくれる先生だったら、算数なんて簡単《かんたん》にわかるはずなの。

だいたいダメな先生や親は、押《お》し付《つ》けて、ちょっとできないとキーキー怒《おこ》るでしょ。算数って、あたりまえのことが少しややこしくなった程度《ていど》のことだから、ある程度《ていど》までは誰《だれ》にだってわかるはず。わからなくなるのはそれだけの理由がある。たとえば、ぼくが家庭教師《かていきょうし》してたとき。2a−aの解答《かいとう》を、「2」って答える子がいるんだよ。2a−aの答えが2だってのは、国語《こくご》的《てき》に考えたら正しいよ。だけど、算数には算数の約束事《やくそくごと》があるから、その約束事《やくそくごと》

を誤解《ごかい》しちゃってるわけだよね。そうするとすぐわからなくなる。

もちろん算数的《さんすうてき》には、「2a」は、aがふたつのことだ。そこからaを一つ取ったら、aが一つ残《のこ》る。

こんなあたりまえの理屈《りくつ》だったら、誰《だれ》だってわかるでしょ。算数がわからないというのは、その手の誤解《ごかい》なんだ。キミは、頭がいいでしょう、こういうこと書いてくるくらいだから。きっと、どこかつまらないところ、本当はわかるはずのところでつまずいて、イヤになっちゃってるだけだと思います。親に見せたほうがいいよ、この本をね。で、親はダメだよ、そんな簡単《かんたん》に頭がわるいなんて言っちゃ。反省《はんせい》してください。

おじさんに育てられたある子ども、おとなになって作家になった人だけれど、彼《かれ》は、勉強ができないと、そのおじさんにものすごく怒《おこ》られたっていう。で、その子は、すっかり勉強嫌《べんきょうぎら》いになってしまった。これって、大きなネズミといっしょに育った子猫《こねこ》は、おとなになっても、ネズミ見たら逃《に》げるというのと同じでしょう。キミの算数嫌《さんすうぎら》いも、同じだよ。

あと、教えるほうも、それが好《す》きじゃないとダメだよね。算数の教えかたって、じつはいろいろあるんです。今はとくに、なんだか知らないけど、数式や解《と》きかたばっかりたたきこもうとするでしょう。ぼくはあんまりいいことじゃないと思いますよ。

早く寝《ね》ないとバカになる？

うちの親はぼくがやすみの前とかおそくまで起きていると「早く寝《ね》ないと脳《のう》がはったつしないからばかになるぞ」と言います。ねるじかんと学力は本当に関係《かんけい》があるのですか。

大紀《だいき》くん（12歳《さい》）小六・神奈川県《かながわけん》

そもそも人間は寝《ね》ないではいられない。小学六年のキミならわかると思うので、まず「眠《ねむ》る」ということがどういうことか、そのことから説明《せつめい》します。

まず、人間は起きているあいだは、意識《いしき》があるでしょ。で、この、意識《いしき》の働《はたら》きというのは、秩序《ちつじょ》だった働《はたら》きなんです。

ちょっとやってみればすぐわかると思うんだけど、「意識的《いしきてき》」に、デタラメは言えないでしょう？　かならず何かの規則《きそく》が入っちゃう。ところがこの、規則性《きそくせい》があるということ、つまり秩序的《ちつじょてき》な働《はたら》きっていうのは、かならずエントロピー、つまり無《む》秩序《ちつじょ》、簡単《かんたん》に言うと「ゴミ」を出すものなんです。たとえば、部屋をきれいにしようと、つまり秩序《ちつじょ》を整えようとしてそうじをすると、きれいになったところはきれいになるけど、一方でゴミがたまる。ゴミのたまったところを見ると、ものすごく汚《よご》れてる。わかるでしょ？

つまり、宇宙全体《うちゅうぜんたい》を、ただただ秩序《ちつじょ》だてることなんて、できやしません。言いかえると、宇宙全体《うちゅうぜんたい》を秩序《ちつじょ》だてていくと、かならず宇宙《うちゅう》のどこかにゴミがたまるということ。

起きているってことは、意識活動《いしきかつどう》つまり秩序活動《ちつじょかつどう》をずっとしている、ってことだから、脳《のう》にかならずゴミがたまるわけです。で、ゴミだらけのままだと秩序活動《ちつじょかつどう》ができなくなります。だから「眠《ねむ》る」というのは、そのゴミをかたづける、ということなんですよ。

眠《ねむ》っているのって、休んでることだ、とみんな思っているでしょう。これは、ちがうんですね。つまり、眠《ねむ》っている時間は、起きてるあいだにで

きたマイナスを回復《かいふく》する、つまり脳《のう》が脳《のう》の中のゴミをかたづけている時間なんだ。そうじの時間なんです。

授業《じゅぎょう》をすれば、そのあと、教室のそうじをするでしょ。それは正しいんです。秩《ちつ》序的《じょてき》に授業《じゅぎょう》をきちんとやったら、どうしても汚《よご》れが出る。で、こんどはその秩序活《ちつじょかつ》動《どう》とはちがう方法《ほうほう》で、出たゴミをかたづけなきゃいけないというわけです。

それにじつは、寝《ね》ているときと起きているとき、脳《のう》のエネルギー消費《しょうひ》は等しいんです。人間の筋肉《きんにく》とかは、収縮《しゅうしゅく》したら、つまりなにかの運動をしたら、その分だけエネルギーを使う。でも、収縮《しゅうしゅく》しなきゃ、エネルギーは使いません。もちろん生きているための最低限《さいていげん》の基礎《きそ》エネルギーは使いますけどね。いっぽう、意識《いしき》はちがいます。意識《いしき》は「ある」というだけでゴミが出るんです。

だからかならず寝《ね》て、ゴミをかたづけないといけないんですよ。

覚醒剤《かくせいざい》っていうのは、寝《ね》ないですむような薬だけど、こんなものを使ってると、ぜったい頭、脳《のう》が壊《こわ》れます。覚醒剤《かくせいざい》の常用者《じょうようしゃ》が、かならず精神障害《せいしんしょうがい》を起こすのは、いま話したことが理由です。

ともかく、寝《ね》るっていうのは、休んでるってことじゃない。別《べつ》の働《はたら》きをしているんだということです。人生、秩序《ちつじょ》だけじゃ成立《せいりつ》しない。起きてるだけじゃ成立《せいりつ》しないんです。だから寝《ね》なきゃだめだと言う、キミの親は正しい。

それに、キミだって、早く寝《ね》るか遅《おそ》く寝《ね》るかのちがいで、寝《ね》ないわけじゃないんでしょ。

あと、よく言われてることだけど、何歳《さい》だから何時間眠《ねむ》らなきゃいけないということはありません。個人差《こじんさ》があるから、一概《いちがい》に言えません。でも、もしかするとおよそ起きてるときに秩序活動《ちつじょかつどう》していない子は、わずかしか寝《ね》ないでもいいか（笑）、あるいはゴミの処理能力《しょりのうりょく》が高いとか、ゴミがたまりにくいとか。

だいたいね、いまの都会の人ってのは、いろんなことでまちがってるん

だよ。きれいにしたらゴミが出ないなんて、嘘《うそ》なんだ。いまのおとなたちはバカです。ゴミを出さないためにきれいに秩序《ちつじょ》だてよう、ってのは、不可能《ふかのう》なんです。東京都なんて、いっぽうでカラスを駆除《くじょ》したら、いっぽうでハトの糞公害《ふんこうがい》が問題になるわけでしょう。バカだよね。だからもういいかげんに、正義《せいぎ》や秩序《ちつじょ》だけで世の中考えるの、やめたほうがいいね。

秩序《ちつじょ》だけでいける、って思いこんでたのは、戦時中《せんじちゅう》の日本もそうだったんだよ。一億玉砕《いちおくぎょくさい》、ほしがりません勝つまでは、ですよ。知らなかったらじいさん、ばあさんに聞いてみるといいよ。ともかく秩序活動《ちつじょかつどう》だけ存在《そんざい》すれば、それだけの秩序《ちつじょ》が未来永劫《みらいえいごう》成《な》り立《た》っていく、と思いこんできたんだ。

タバコ吸《す》わなきゃ健康《けんこう》になるとかいうのも、やめてほしいね……キミたちには関《かん》係《けい》ないか。

親が親なら、限界《げんかい》はあるか？

親が学歴《がくれき》が高いと子どもも頭がいいのですか。うちは両親ともに大学へ行っていない（専門学《せんもんがく》卒《そつ》）のですが、私《わたし》はわりと成績《せいせき》がいいのです。でも親が親だから限界《げんかい》があるよと友達《ともだち》に言われました。頭のよしあしって遺伝《いでん》するものなんですか。

沙織《さおり》さん（15歳《さい》）中三・神奈川県《かながわけん》

「学歴《がくれき》が高い親の子どもは頭がいいのか」というのはね、親が背《せ》が高かったら、子どもが背《せ》が高いかって質問《しつもん》とある意味、同じだね。

これに答えるには、まず、つぎの「正規分布《せいきぶんぷ》」のグラフを見てもらわないと。

生き物のすべての性質《せいしつ》は、「正規分布《せいきぶんぷ》」をするんです。

このグラフ、見ればわかるけど、平均《へいきん》のところで最《もっと》も値《あたい》が大きく、左右

対称《たいしょう》に値《あたい》が減《へ》っていくバラツキかたをしているでしょう。ちなみにこのカーブを「ベルカーブ」って呼《よ》んでいますがね。で、ともかくこれを「正規分布《せいきぶんぷ》」と言うんです。ガウスっていう昔の学者が発見しました。

で、いまは右側《みぎがわ》が背《せ》が高い人の数、左側《ひだりがわ》が背《せ》の低《ひく》い人の数だと思ってくれていい。いろんな遺伝子《いでんし》がからんで成立《せいりつ》する性質《せいしつ》はね、血液型《けつえきがた》みたいに一個《こ》の遺伝子《いでんし》で決まってくるものは別《べつ》ですが、たとえば、背《せ》の高さ、とか頭のよしあし、なんていういろんな要素《ようそ》、いろんなものさしがからんで決まってくるものはみんな、かならず図のように正規分布《せいきぶんぷ》で、ベルカーブになってきます。つまり、平均《へいきん》に近づくほど、多くなるんです。だから勉強のできる両親、背《せ》の高い両親のもとに生まれると、かならずその子は平均《へいきん》に寄《よ》らざるを得《え》なくなる。考えてみればあたりまえでしょ?背《せ》の高いどうしで交配して、子の背《せ》が高くなれば、どんどん平均《へいきん》とは逆《ぎゃく》にいっちゃう。これは、生物の基本法則《きほんほうそく》に反することになるんです。

だから、背《せ》の高い人どうしが子どもを産《う》むと、背《せ》の低《ひく》い子どもが生まれます。同

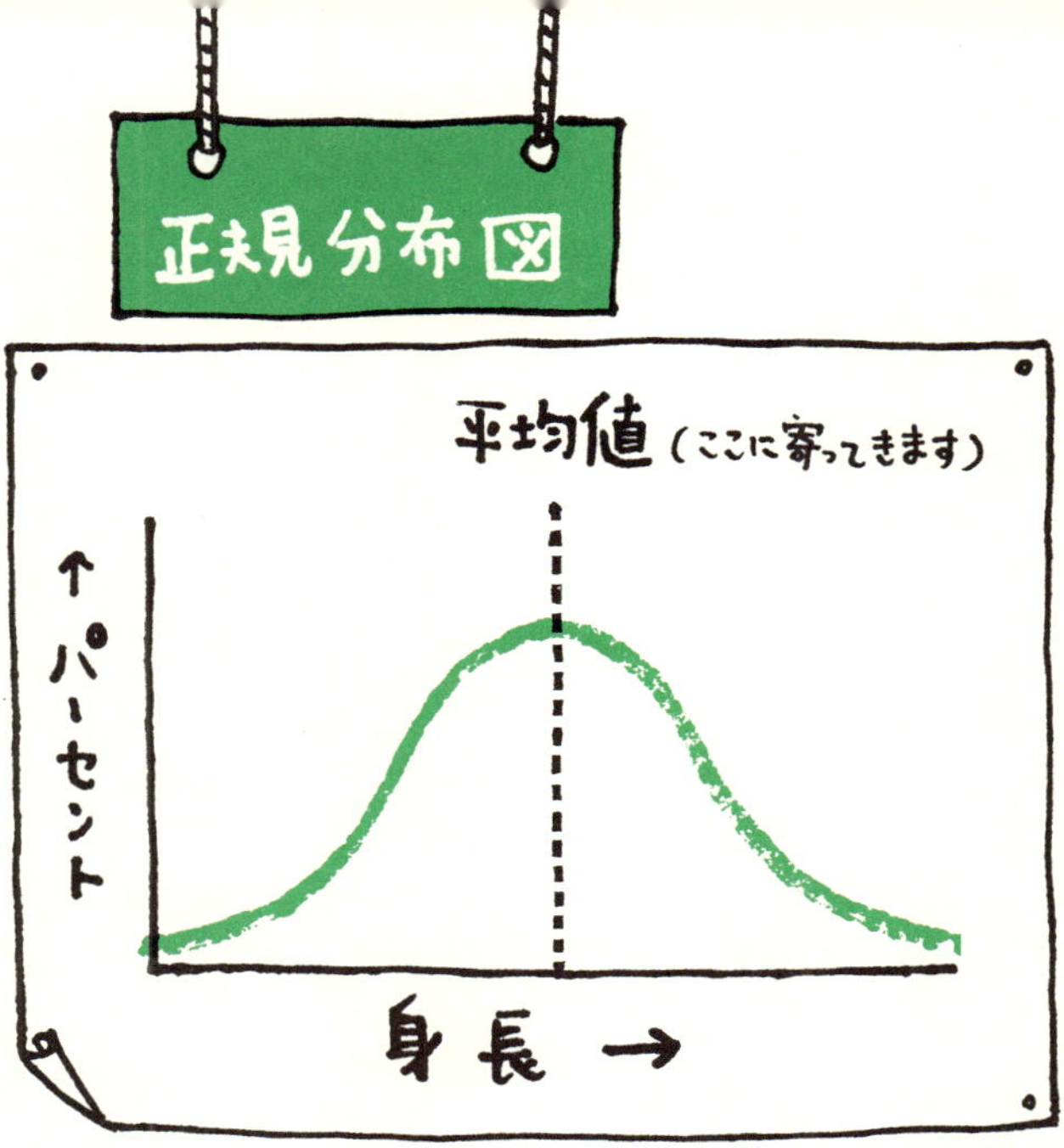

じように、勉強ができる親どうしが子どもを産《う》むと、親よりできない子になります。

でも、これは身長とか、頭のよしあしとか、言うなればいろいろな要素《ようそ》がからんでいる場合《ばあい》の話だよ。

逆《ぎゃく》に、ごくわずかの特定《とくてい》の遺伝《いでん》子《し》が関係《かんけい》しているような性質《せいしつ》だったら、話は別《べつ》です。バッハの家系《かけい》みたいに、特定《とくてい》の、音楽的《おんがくてき》な才能《さいのう》がある人が続々《ぞくぞく》と誕生《たんじょう》する、そ

ういうのはあり得《え》ます。

でも、さっきの質問《しつもん》に関《かん》して言えば、子孫《しそん》は平均値《へいきんち》に寄《よ》るんだ。だから、平均値《へいきんち》から外れた親の子は、どうしたって、ふつうになります。質問《しつもん》とは逆《ぎゃく》の答えかたですが、いいですか。

まあ、考えればわかるよね、いい相手を選《えら》んで子孫《しそん》をつくってきたような古い家《か》系《けい》の子が賢《かしこ》く、えらくなってるかい？ そんなことはありませんって。

それに、前の章でもさんざん言ったように、そもそも頭のよしあしって何かってことすら断定的《だんていてき》に言えないのに、それが遺伝《いでん》するかなんて考えたって、あんまり意味ないんじゃないの。

くしゃみをすると、脳《のう》ミソが出ますか？

おとうさんが、くしゃみをするとのうみそが外にでてしまうこともあるんだぞと弟によく言います。たぶんうそだとおもいますがちょっと気になります。そんなことあるのでしょうか。のうみそと鼻はつながっているんですか？

昇《のぼる》くん（10歳《さい》）小五・神奈川県《かながわけん》

生きているうちに、くしゃみをして脳《のう》ミソが外に出てしまう心配は、まったくありません。

でも、脳《のう》の手術《しゅじゅつ》をするときに、鼻から手術《しゅじゅつ》する場合《ばあい》はありますよ。それからね、脳《のう》を鼻から出した、ということもあるんです。エジプトの

ミイラです。エジプト人は、ミイラを作るときに、鼻から脳《のう》を出しました。どうしてかというと、鼻の天井《てんじょう》の骨《ほね》がね、比《ひ》較的柔《かくてきやわ》らかくて、そこを壊《こわ》すと脳《のう》が出しやすいから。

　そういう意味では、キミのお父さんの話は、完全《かんぜん》にはまちがいではありません。

集中力をつけるには？

ぼくはよく、精神力《せいしんりょく》とか意志《いし》の力がないと親や塾《じゅく》の講師《こうし》たちからいわれています。勉強も体育もやっていることになかなかこころが入っていく事ができなくて、ときだけがあっという間に過《す》ぎていくような気がして、なんとなく落ちこんだりする時もあります。授業中《じゅぎょうちゅう》は窓《まど》の外なんか見ていてのんびりしていますし、実際《じっさい》そうして鳥や蝶《ちょう》が風に吹《ふ》かれているのが授業《じゅぎょう》よりも楽しく思えて、見てて飽《あ》きません。集中力や精神力をつけるのはどうしたらいいんですか？

理《おさむ》くん（14歳《さい》）中二・福岡県《ふくおかけん》

集中力つけるのはむずかしいね。ぼくだってむずかしいよ。でも集中力っていうのは基本的《きほんてき》に、好《す》きなことをしていると自然《しぜん》に身につくものだ。自分で書いているじゃないか。「鳥や蝶《ちょう》が風に吹《ふ》かれているのが授業《じゅぎょう》よりも楽しくて、見てて飽《あ》きません」って。それって、何もわるくないよ。そ

ういうことに夢中《むちゅう》になればいい。
きっと集中力つくよ。おとなに何と言われようと、続《つづ》けば、なんでもいいんです。

「努力《どりょく》」ができません。

努力《どりょく》や意志《いし》の強さ、理性《りせい》の程度《ていど》といったものは生まれつき決まっているものなのでしょうか。それとも訓練《くんれん》で鍛《きた》えていくことができるのでしょうか。もともと努力《どりょく》がまったくできない性質《せいしつ》なので心配でなりません。養老《ようろう》先生は努力《どりょく》というものをどういうふうに受け止めていますか。それをどうやって乗《の》り越《こ》えていったのでしょうか。ぼくは努力《どりょく》という言葉をうまくとらえることができないので少々混乱《こんらん》しています。努力《どりょく》について先生の意見を聞かせて頂《いただ》けないでしょうか。

孝《たかし》くん（15歳《さい》）中三・神奈川県《かながわけん》

「もともと努力《どりょく》がまったくできない性質《せいしつ》なので」って、どうして、そういうことを勝手に決めるんだろうね。だいたい、どれだけのことをしたことがあると思っているんだろうか、キミは。まわりから言われて、努力《どりょく》が

できない性質《せいしつ》だなんて、思いこんでいるだけじゃないか。だとしたら、まず、その思いこみのほうに問題があるよ。そりゃ、努力《どりょく》しないで生きられたら、そんな楽なことはないよね。理想的《りそうてき》な生活だよ。

ぼくなんか、世の中と合わせていく努力《どりょく》、ムチャクチャたいへんだった。そんなこと、誰《だれ》にとっても、あたりまえだろうけどね。だって、自分以外《いがい》の人間がいっぱいいるんだから、それに合わせていくって、容易《ようい》じゃありませんよ。世の中というのは、自分が生まれてくる前からあるんだからね。その中に自分が生まれてくるんだから。

キミの問題は、たんにキミの思いこみです。努力《どりょく》がまったくできない性質《せいしつ》なんて、あり得《え》ません。もともと努力《どりょく》がまったくできない性質《せいしつ》の遺伝子《いでんし》が、生物として生《い》き残《のこ》れるはずもないですからね。

学校の勉強やれって言われて、それができないのは、嫌《きら》いなことは続《つづ》かないというだけのことでしょう。

なぜ、夢《ゆめ》を見るんですか？

人間はどうして夢《ゆめ》を見るのか、小さいときから不思議《ふしぎ》に思います。なぜ見るのか、見ない日があるのはなぜか、教えてください。あと、現実《げんじつ》と夢《ゆめ》に、なにか法則《ほうそく》みたいなものはあるんですか？　人と同じ夢《ゆめ》を見ることはあるんですか？

梓《あずさ》さん（14歳《さい》）中二・栃木県《とちぎけん》

睡眠《すいみん》には二つの層《そう》があります。一つの層《そう》は夢《ゆめ》を見ない。もう一つの層《そう》は夢《ゆめ》を見る。そして、夢《ゆめ》を見るほうを、いまはレム睡眠《すいみん》って言います。このレム睡眠《すいみん》のときは、眠《ねむ》っている人の目玉が非常《ひじょう》に早く動いています。この、夢《ゆめ》を見る睡眠《すいみん》と夢《ゆめ》を見ない睡眠《すいみん》は、交代して起こってます。そしてだんだん交代が早くなって、最後《さいご》にポンと目が覚《さ》める。

で、レム睡眠《すいみん》の状態《じょうたい》から目が覚《さ》めることも、熟睡《じゅくすい》の状態《じょうたい》から目が覚《さ》める

ともある。熟睡《じゅくすい》の状態《じょうたい》から目を覚《さ》ますと夢《ゆめ》は見てなかったというし、レム睡眠《すいみん》から目を覚《さ》ますと、いまのいままで夢《ゆめ》を見ていたという。それをくり返すのが正常人《せいじょうじん》。ふつう、夢《ゆめ》見てないっていうのは、この熟睡《じゅくすい》の状態《じょうたい》で目を覚《さ》ますから。たまたま、そのとき、夢《ゆめ》を見ていなかったわけだから、おぼえていないだけです。

どうして夢《ゆめ》を見るのかというのは、じつは、根本的《こんぽんてき》にはわかっていません。つまり、レム睡眠《すいみん》がなぜ存在《そんざい》するかということについては、解《と》けていません。

でも、いま言ったのは、形式のことですよね。キミがつぎに聞いているのは、中身のことですね。夢《ゆめ》の中身は非常《ひじょう》に不思議《ふしぎ》でね。夢《ゆめ》のようなっていうくらい、めちゃくちゃなんです。けれども、それが起きているときの状態《じょうたい》とまったく無関係《むかんけい》ではないと言われています。それは、フロイドの有名な『夢判断《ゆめはんだん》』に出てくる話です。

それから、ジューベって、フランスの心理学者が、やっぱり夢《ゆめ》に興味《きょうみ》を持って、夢《ゆめ》の本を、ずいぶん書いている。おもしろいのはね、彼《かれ》は、毎日見た夢《ゆめ》を三十年間も記録《きろく》していた。どんな夢《ゆめ》を見るかということにも、はっきりとしたルールがある

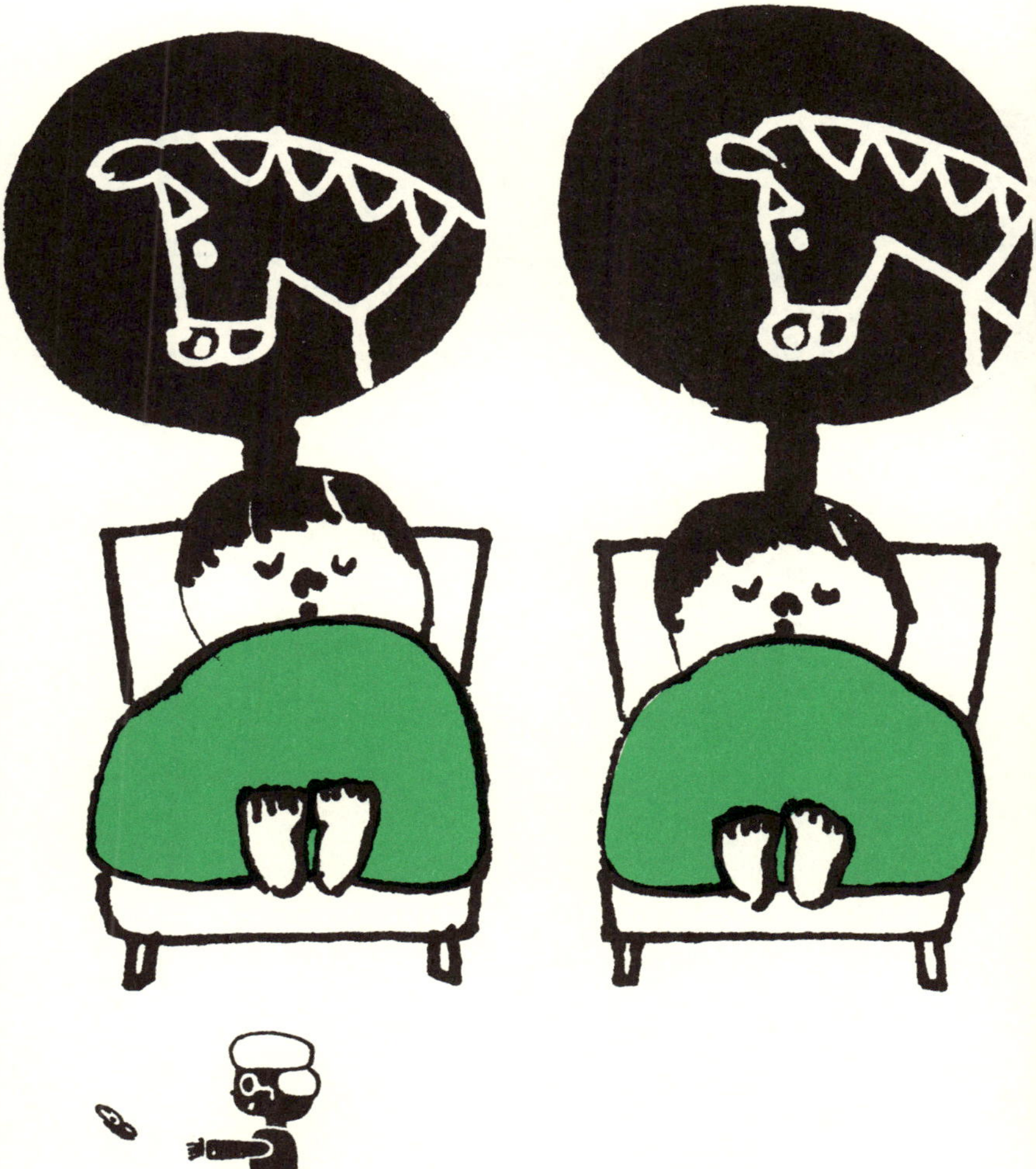

と言っているんだ。それは旅行に行ったあとに、旅行の夢《ゆめ》をいつ見るかというと、七日目がいちばん多い、と書いている。ほとんど物理的《ぶつりてき》な正確《せいかく》さなんだそうです。だから夢《ゆめ》は、なにかしら現実《げんじつ》とのあいだに関係《かんけい》があることは、まちがいない。

それと、どうやら遺伝的《いでんてき》なことども関係《かんけい》があるらしい。これもジューベが書いている話だけど、それは一卵性《いちらんせい》の双子《ふたご》の弟が、私《わたし》はしょっちゅう、こういう夢《ゆめ》を見ると話していたら、兄が、途中《とちゅう》から割《わ》り込《こ》んで、その夢《ゆめ》の続《つづ》きを話したというんだ。兄弟で同じ夢《ゆめ》を見ていたということだね。そういうこともありますから、脳《のう》ミソと同じくらい複雑《ふくざつ》なんだ。毎日かならず見るものだし。で、昔から不思議《ふしぎ》だって関心《かんしん》を持つ人が、とても多いわけです。

脳《のう》自体の活動《かつどう》から言うとね、熟睡《じゅくすい》しているときは、ご存《ぞん》じ、「α（アルファ）波」っていう脳波《のうは》が出る。脳波《のうは》というのは、大脳皮質《だいのうひしつ》だけ調べれば、わかるんだけどね。じつは夢《ゆめ》を見ているときは、脳波《のうは》に関《かん》しては、起きているときと、ほとんど区別《くべつ》がつかないほど同じなんですよ。

お酒を飲むと記憶《きおく》がなくなるのはなぜですか？

おとうさんが、おかあさんにお酒をのんだときのことをわすれたみたいなことをたまに言っていますが、ねむっているわけでもないのにそんなことってあるんですか。きおくそうしつと同じことなのですか。きおくそうしつはなぜなるのでしょうか。

峰《みね》くん（11歳《さい》）小五・和歌山県《わかやまけん》

こういうのを記憶喪失《きおくそうしつ》とは言いません。意識《いしき》のレベルが低下《ていか》した、意識《いしきす》水準《いじゅん》が下がった、と言います。意識水準《いしきすいじゅん》が下がったというのは、少しむずかしいかもしれないけれど、要《よう》するに起きている状態《じょうたい》、寝《ね》ている状態《じょうたい》にもいろいろあってね。完全《かんぜん》に目が覚《さ》めている状態《じょうたい》と、何割《なんわり》か寝《ね》ちゃったよう

な状態《じょうたい》と、それと、もっとひどく寝《ね》ちゃってる状態《じょうたい》。
夢《ゆめ》を見ているときはどうかと言えば、ある程度《ていど》の意識《いしき》はあるんだけど、その意識《いしき》は、非常《ひじょう》にあやしい意識《いしき》と言えます。しかも夢《ゆめ》は、毎日毎日誰《だれ》でもが見ているんだけど、さっき言ったように、かならず毎日おぼえているとは限《かぎ》らないでしょ。それを記憶喪失《きおくそうしつ》かっていうと、それはちがいますね。こういうのも、意識《いしき》の低下《ていか》です。

お酒をかなり飲んだときも、これと近い状態《じょうたい》です。そうすると、そもそも意識《いしき》レベルが低下《ていか》している状態《じょうたい》ですから、そのときの記憶《きおく》なんて、残《のこ》りにくくなって当然《とうぜん》なんです。

他方、記憶喪失《きおくそうしつ》というのは、正確《せいかく》に言うと、もともとはちゃんとあった記憶《きおく》がなくなっちゃうということ。つまり、酒を飲んで記憶《きおく》がなくなるのと、交通事故《こうつうじこ》で記憶《き》がなくなるのは、まったくちがいます。交通事故《こうつうじこ》で記憶《きおく》を失《うしな》うのは、まさに記憶《きおく》喪失《そうしつ》です。これは、脳《のう》がやられたため、脳《のう》に障害《しょうがい》が多少ともあったために、記憶《きおく》が消えるんですね。そして、その場合《ばあい》に、しばしば起こるのは逆行性健忘《ぎゃっこうせいけんぼう》。これは事故《じこ》にあったときから遡《さかのぼ》って記憶《きおく》がなくなるという状態《じょうたい》です。また、その遡《さかのぼ》る期間が長ければ長いほど、脳《のう》の障害《しょうがい》の程度《ていど》が大きい。

記憶喪失《きおくそうしつ》になぜなるかは、じつはよくわかっていません。

一過性健忘《いっかせいけんぼう》になったときも、言葉はなくなりません。言葉までなくなってしまうのは、記憶喪失《きおくそうしつ》ではなく、意識障害《いしきしょうがい》です。意識《いしき》はしっかりしてて、あるはずの記憶《きおく》がなくなっちゃったというのが記憶喪失《きおくそうしつ》です。

冷静《れいせい》になりたいのですが。

好《す》きな人に教室で話したり、ひどい時はただすれ違《ちが》ったりするだけで顔が赤くなったり、緊《きん》張《ちょう》したり、どもり声になったりしてしまい、そんな自分がとっても嫌《いや》でどうやって冷静《れいせい》な普通《ふつう》の自分にもどせるか、と悩《なや》んでいます。人前に出たり、尊敬《そんけい》する先輩《せんぱい》や先生が目の前にいる時や一《いっ》緒《しょ》に会話をする時にも緊張《きんちょう》します。しかしこんな人はまわりを見てぼくぐらいだと気づき、友人にも指摘《してき》されました。

潤也《じゅんや》くん（13歳《さい》）中一・石川県《いしかわけん》

いいんですこれで。キミはヘンでもなんでもないです。きわめて正常《せいじょう》です。冷静《れいせい》にもどる必要《ひつよう》なんてありません、気にするから、よくない。ほっときなさい。そのうち、慣《な》れます。

キレイな身のこなしを身につけたい

テレビとかを見ていると、とてもきれいな身のこなしかたをしてる人とかを見かけて、いいなとか思います。腹筋《ふっきん》がきちんとしているからだと聞いたことがあります。ぼくは体育の授業《じゅぎょう》でちょっと腹筋《ふっきん》をするだけなので、どうやら全く腹筋《ふっきん》がつかないみたいです。ですが、この頃《ごろ》もっと真剣《しんけん》に腹筋《ふっきん》をつけてみたいと思うようになりました。腹筋《ふっきん》と身のこなしのようなものの関係《かんけい》を教えてください。またそんなこと、どこで習えばいいのかも教えてください。

学《まなぶ》くん（14歳《さい》）中二・大阪府《おおさかふ》

身の動かしかたがキレイだというのは、腹筋《ふっきん》の問題だけじゃない。いい先生について、普段《ふだん》からの常住坐臥《じょうじゅうざが》をきちんと身につけたほうがいいと思

うな。たとえば、いいお寺さんに行って、お寺の日課をやらされると、そういう日《にち》常的《じょうてき》な身のこなしが、ちゃんと身につく。日課《にっか》として、からだの動かし方を教わることがだいじです。お寺なら、正座《せいざ》があるし、朝は掃《は》きそうじしなきゃならないし、だから、日本流の体の動かしかたがわかる。お茶を習ったり、剣道《けんどう》や柔道《じゅうどう》をしてみるのもいいだろう。キミみたいな子は、きっと日本古来の、そういうものをやるのがいいよ。まあそういうのが嫌《きら》いなら、しようがないけど。

第3章

バカなおとなにならないためには?

「こころ」はどこにあるんですか？

「こころ」と「からだ」って、どうちがうのですか。それから「自分」って、こころにあるのですか。からだにあるのですか。とくにこころってどこにあるのか……小さいときからふしぎなんです。

恵美《えみ》さん（15歳《さい》）中三・北海道《ほっかいどう》

まず、「からだ」。からだっていうのは、人間の感覚《かんかく》でとらえられる世界を指していますね。だって、目という感覚器《かんかくき》で見ることができるわけだから。

ところが、「こころ」っていうのは、目でも、ほかの感覚器《かんかくき》でもとらえられない。感覚《かんかく》でとらえられるものととらえられないもの、こころとからだはまず、そういう大きなちがいがあるでしょう。

で、キミは、「自分」ってこころにあるのか、からだにあるのかって聞いているけど、それはどちらも自分だ、というしかありません。考えすぎです。

話はあちこび飛《と》ぶけれども、そもそも「こころ」がどこにあるのかという質問自体《しつもんじたい》が、まちがってます。

最初《さいしょ》に、「こころ」は感覚《かんかく》ではとらえられない、と言いました。でもキミは、「こころ」って、ここにある、といえる場所があるものだと思っているんでしょ？

ものごとには場所があるものとないものがある。感覚《かんかく》でとらえられるものにはほとんど「場所」がありますけど、たとえば、「運動」はどこにあるかって聞かれたら、どうする？　だって「運動」って、動いていっちゃうでしょ？　だからもともと「場所」がないんですよ。こういうふうに、

場所が特定《とくてい》できない、ということは、いくらでもあるんです。

で、「こころ」っていうのは、わかると思うけれど、「働《はたら》き」です。いってしまえば、脳《のう》の「機能《きのう》」です。で、「働《はたら》き」はどこにある？「機能《きのう》」はどこにある？と聞きますか？ なんだか妙《みょう》でしょ。「運動」がどこにある？ って聞くことのヘンさと同じです。

「こころ」と「からだ」がどうつながっているか、という質問《しつもん》も同じようにちょっとおかしいんです。からだという「もの」と、こころという「働《はたら》き」は別《べつ》のものなんだから。

わかりやすく言うとね、キミの質問自体《しつもんじたい》が、キミの「こころの働《はたら》き」から生まれたものでしょう。キミは眠《ねむ》っているときに、こんな質問《しつもん》はしないよね。でも、キミが眠《ねむ》っていたって、他人から見れば、キミのからだはあるわけでしょう。で、どっちもキミでしょうが。

まあともかく、「場所」があるものとないもの、感覚《かんかく》でとらえられるものと頭の中にしかないものとがあるってことは、きちっと理解《りかい》しておいたほうがいいね。こころとからだ、両方あるから自分、なんだから。

ぼくが思うに、年若《としわか》い人って、質問自体《しつもんじたい》がへんかどうかって、考えてないよね。そのひとつの、別の例《れい》を挙《あ》げてみます。

ぼくの娘《むすめ》の話。まだ小さかった頃《ころ》に、「宇宙《うちゅう》の果《は》てはどこか」って聞かれました。聞かれたからぼくなりに説明《せつめい》したら、怒《おこ》ってたね。そんなこと聞きたいんじゃない！　って。

どういうことかと言うと、まず、子どもの頭には前提《ぜんてい》があるんです。たとえば自分がここにある紙の上にいるとする、とか、この箱の中にいるとする、とか。で、その紙にも箱にも「へり」、つまり「果《は》て」があるでしょう。それと同じような具合《ぐあい》に、宇宙《うちゅう》の「へり」つまり「果《は》て」って、どこにあるんだろう、って思いがちなんだ。

でもそもそも、へりがあるのは、「物体」なんです。宇宙《うちゅう》っていうのは、「物体」が入ってる「空間」のことです。だから「物体」をどけてしまうと、その空間にはへりも果《は》てもない。はじめっから、そんなもの、ないんです。

だから、「宇宙《うちゅう》の果《は》て」なんて考えるのは、「宇宙《うちゅう》」を「物体」とまちがえているわけです。だから、娘《むすめ》の質問自体《しつもんじたい》、まちがってるよ、って言ったら、すごい勢《いきお》いで怒《おこ》られました。

でも、娘《むすめ》にかぎらず、「物体」を考えながら、なんとなく「空間」っていう概念《がいねん》に気づき始めたころ、この、「果《は》て」に関《かん》する疑問《ぎもん》が頭にわいてくるようですね。なぜかはよくわかりませんが。

拒食《きょしょく》と過食《かしょく》でつらいんです。

中2から拒食《きょしょく》と過食《かしょく》をくり返していて完治《かんち》していません。このあいだ病院の先生が病気が長くなると脳《のう》に障害《しょうがい》が出ると言っていて、気になったのですがこわくてきけませんでした。母親との関係《かんけい》が原因《げんいん》だとかも言われますが、あんまりピンときません。それから私《わたし》はこの病気のせいでおなかがすいたとか、おなかがいっぱいとかの感覚《かんかく》がよくわからなくなってしまいました。食べてはいたりしているときの自分は自分じゃないみたいで夢《ゆめ》のなかみたいなんです。脳《のう》には食欲《しょくよく》をつかさどる部分があると本で読んだことがありますが、こわれてしまうともう一生直らないのでしょうか。

知恵《ちえ》さん（15歳《さい》）中三・兵庫県《ひょうごけん》

過食症《かしょくしょう》・拒食症《きょしょくしょう》というのは、いま非常《ひじょう》に多い、現代病《げんだいびょう》です。しかも「自分が自分じゃないみたい」に感じる「解離性障害《かいりせいしょうがい》」という心療内科《しんりょうないか》の病気も、近ごろ増《ふ》えつつあります。そしてたしかにキミの言うとおり、脳《のう》には食欲《しょくよく》をつかさどる部分があるけれど、それは壊《こわ》れてるんじゃなくて、機能障害《きのうしょうがい》を起こしているわけだから、その機能《きのう》は、回復《かいふく》するはずです。

ところで、なぜ、こういう病気が増《ふ》えているかというと、ぼくは、いまという時代が、どこもかしこも都市化された結果《けっか》、最初《さいしょ》に話した脳《のう》の感覚《かんかく》入力と出力のループがうまく回るような環境《かんきょう》で、子どもが成長《せいちょう》できない世界になりつつあるからじゃないかと思っています。なんでもスイッチひとつでできてしまうから、あたりまえにからだを使うことをしないで育つ。入力の種類《しゅるい》もかぎられているし、出力もあんまり行わないですむ。そうするとやっぱり、子どものからだに、いろんな困《こま》った問題が起きてくるんだと思っています。

とにかくからだを使って、できればそうしないと生きていけないような環境《かんきょう》に身を置《お》くということをすすめるしかありません。いちばんは、田舎《いなか》

で暮《く》らす、ということだね。で、余計《よけい》なこと考えないで、からだを使わないと生きていけないような状況《じょうきょう》で生きてみる。

昔、「戸塚《とつか》ヨットスクール」って、問題を抱《かか》えた子どもを矯正《きょうせい》する施設《しせつ》があった。ここは、かなり乱暴《らんぼう》なやりかたで、それをしないとヨットが沈《しず》んでしまうというようなことを子どもにやらせて、事件《じけん》になりました。たしかに行《い》き過《す》ぎだと思うけれど、反面、無理《むり》やりにでも必死《ひっし》になる環境《かんきょう》に身を置《お》かせること自体には、一理はあったんだ。やりすぎて、こんどは中毒《ちゅうどく》になってもしかたないけれどね。

都市で暮《く》らす人間にはヘンなところがあるっていうのは、ニューヨークなんかに行ってみると、別《べつ》のかたちで気づきますよ。ニューヨークに着いた朝とか、時差《じさ》で眠《ねむ》れなかったりするから、セントラル・パークに座《すわ》っていたりする。そうすると目の前を、ドコドコ、ドコドコ、四時ごろからだよ、必死《ひっし》になってランニングしている人たちをたくさん見かける。で、ひと汗《あせ》かいて、彼《かれ》らは、シャワーをあびてから、ネクタイ締《し》めて、背広《せびろ》着て、働《はたら》きに行くわけだ。でも、その運動のしかたが、どこかおかしいんだ、運動中毒《うんどうちゅうどく》みたいで、からだとのつきあいかたのバランスがおかしい。なんで、適当《てきとう》っていうことができないんだろう、とつくづく思います。それだったら、ぼくなんか、はじめから、モンタナで百姓《ひゃくしょう》やってるほうがいいんじゃないかと思っちゃったりする。そのほうが、よほど脳《のう》のためにはいいですよ。

ぼく、前から真剣《しんけん》に言っているんだけど、参勤交代《さんきんこうたい》みたいにね、都会の子どもは、みんなある一定時期、田舎《いなか》に行けばいい、と思う。子どもだけじゃなくて、おとなもだね。自分だけ抜《ぬ》け駆《が》けして都会に残《のこ》って儲《もう》けよう、なんてできないように、全員に義務《ぎむ》づける。それで、雨降《ふ》ったら、寝《ね》るとこないぞ、ボタンひとつじゃどうにもならないぞっていう調子で、せめてある期間、からだを使って暮《く》らしたほうが、子どももおとなも、つらい病気になったりしないはずだよ。

人間の意識《いしき》ばかりで作られた社会にずっといると、おかしくなって当然《とうぜん》なんです。

せめて自然《しぜん》とのあいだを往《ゆ》き来《き》して、理想的《りそうてき》なループを取《と》り戻《もど》すことです。

頭でばかり理解《りかい》するんじゃなくて、からだを動かして、肌《はだ》で感じていくことが、本当にいま、いちばん大切なことなんですよ。

とつぜん田舎《いなか》に行くのが無理《むり》ならば、庭を掃《は》いてみるとか、ともかくからだを動かすことです。

お医者さんも、中途半端《ちゅうとはんぱ》におどかすの、よしなさい。

からだがだるい、頭もぼんやり

高一のときから、朝、身体がだるくて頭もぼんやりしていてそのうちおなかが痛《いた》くなったりしてつらいです。本当の自分ってなんでしょう。最近《さいきん》よく目にする、思春期のうつ病じゃないかとも思いますが、私《わたし》はどうしたらいいでしょうか？

さやかさん（17歳《さい》）高二・千葉県《ちばけん》

そんなぜいたく言ってられないようなかたちで、働《はたら》くしかないね。自分のからだを使ってやっていってみるしかない。

きびしい言いかたですが、こういうことが何かだ、と思っていること自《じ》体《たい》がヘンだ。たぶん、本当の自分とかなんとか、自分探《じぶんさが》しとか、おかしな

情報《じょうほう》が多くて、何か思わせられてしまってる、ってこともあるんだろうけどね。

まあ若《わか》いうちは、どうしてもね、自分そのものを対象《たいしょう》にして、ものごとを考えちゃう。

でも、それは意味がないんだよ。

それじゃ、生きていけないよって、ぼくらは、なんとなく教わったけどね、まわりから。

コミュニケーションが不安《ふあん》です。

自分の考えていることを本当に人がわかってくれるのか、人の言うことがちゃんと理解《りかい》できるのか不安《ふあん》です。いまはまだいいけど親の会社の話とか聞いていると文句《もんく》やリストラの話とか、将《しょう》来《らい》コミュニケーションの面でやっていけるか不安《ふあん》です。お金がからんでくるとどんなやりとりが基本《きほん》になるのか、そういうことは会社にはいればわかるようになるのでしょうか。養老《ようろう》先生が人間に関《かん》する学問を研究していると知って、これからのアドバイスお願《ねが》いしたいと思い、書きました。

美佳《みか》さん（16歳《さい》）高一・東京都《とうきょうと》

最初《さいしょ》のほうで、「ミラーニューロン」の話をしたけどね、それとはまたべつ、というより、それ以前《いぜん》の問題ですね。

自分と人とのあいだの距離《きょり》がつかめていないね。つまり、こういうこと

はわからないと困《こま》るんだということと、こういうのはわからなくていいんだということが、はっきりしてくるのが、ある意味ではしっかりしてくる、おとなになるということなんだけど、それができていない。自分と他人のあいだが完全《かんぜん》に連続《れんぞく》しちゃってるんだね。コミュニケーションの面でやっていけるか不安《ふあん》ですって、その不《ふ》安《あん》は、じつは人と人の距離《きょり》がきちんと取れていないということでしょうね。

「お金がからんでくるとどんなやりとりが基本《きほん》になるのか」、そういうのもね、こんなこと、自分で決めるしかないんですよ。つまり、何かして働《はたら》いて、それでいくらお金がもらえるかは、相手のある話だからね。で、それが気に入らなきゃ、こちらから、何か別《べつ》のアクションを起こさなきゃならない。そんなこと自分で決めていくしかないことです。

具体的《ぐたいてき》に何かの問題があるんじゃなくて、たんに人との、はっきりした距離《きょり》が取れていないことで悩《なや》む、というのは、昔ふうに言うと、ある種《しゅ》の自我《じが》が確立《かくりつ》していないということになりますね。

ぼくなんか、小学生のときから虫捕《と》ってますけどね、魚とりも好《す》きだしね、そういうことやってるときに、他人がそれを好《す》きかどうか、自分がどう思われてるか、なんて問題じゃないんですよ。自分は虫捕《と》るの好《す》きだってことだけ。親におまえはどうして虫ばっかり捕《と》ってるんだと聞かれても、まともに返事なんかしませんでしたよ。それくらい小さなときから、そういうことをしていると、自分と他人とは、はっきり好《この》みがちがうってわかってるからです。

自分と人は、そもそもちがう。だから、自分の思っていることを他人が完全《かんぜん》にわかってくれるかって言えば、そんなことはじめから期待することが、ヘンだ。

人の言うことがちゃんとわかるかって、そんなことは、人間、いつだって、そういう問題を抱《かか》えて生きていくんでね。それ、わかってなくちゃ。「自分の考えていることを本当に人がわかってくれるのか」というのは、わかってもらえないのが不安《ふあん》なんでしょう。でも、どうして不安《ふあん》なんだ？

だってあなたと人は、そもそもちがうだろって。

自分が人とちがうなんて、すぐにわかるじゃないですか。だって、男の子と女の子はちがうだろ。男の子はホントに女の子をわかるのか？　初潮《しょちょう》があるとするでしょ。それ、男の子にわかると思うかって、考えるほうがおかしいよ。

人間の匂《にお》いがしなくて、恐《こわ》い。

環境《かんきょう》と人間の質問《しつもん》です。私《わたし》の家はマンションで、まわりにも、大きな建物《たてもの》がたくさん建《た》てられようとしています。どこか生きにくいです。また新興住宅地《しんこうじゅうたくち》も多いのです。これらは人間の匂《にお》いがしなくてちょっと恐《こわ》い感じがします。昔住んでいたボロボロの木造《もくぞう》の家がなつかしいです。猫《ねこ》もいたし。実際《じっさい》前の家の方が精神的身体的《せいしんてきしんたいてき》に体調がよかったのです。このままだと体が壊《こわ》れそうです。親や学校の先生に何度も本気で話しても分かってもらえません。ここでは理性《りせい》が強く求《もと》められる気がします。いや実際暮《じっさいく》らしていてそう感じます。理性《りせい》を強くする方法《ほうほう》はありますか？
こんな状態《じょうたい》の時先生はどう助言するのでしょうか？

和香《わか》さん（14歳《さい》）中二・石川県《いしかわけん》

たとえば、県庁《けんちょう》が立派《りっぱ》な県って、ロクなものじゃないんだよな。ちゃんと毎日仕事してたら、立派《りっぱ》な県庁《けんちょう》なんか建《た》ててる暇《ひま》ないものね。

キミは、マトモだよ。おっしゃるとおりです。キミには、比較的《ひかくてき》近くに住んでいるおじいちゃんとかおばあちゃんとか、いないのかな？　もしも、いるんだったら、それで可能《かのう》なら、おじいちゃん、おばあちゃんと木造《もくぞう》の家とかに住むといいと思うな。そこから学校に通えばいい。いま、そういう暮《く》らしができないのなら、少し我慢《がまん》して、おとなになったら、キミがいいと思うようなところに住むといい。

ところで、なんとなく感じたんだけど、キミ、何か、もっとちがう問題を抱《かか》えているんじゃないか？　ただ、ぼくに聞いてきたキミの質問《しつもん》、キミの考えかたは、人間として、本当にマトモだよ。

ストレスが多すぎて……

ぼくは心療内科《しんりょうないか》にこのごろずっと通っています。医者には対人恐怖症《たいじんきょうふしょう》と診断《しんだん》されました。人が近くに居《い》ると強度に緊張《きんちょう》したり、人と話すのが苦手だったり、道ですれちがうのも嫌《いや》です。とにかくストレスが大変《たいへん》多くて困《こま》っています。こんな状態《じょうたい》ですが家族はまったく理解《りかい》してくれないし友達《ともだち》もいません。とにかく学校に行くだけで大変《たいへん》です。朝はとくにつらいです。まわりとうまくやる生き方とあまりに多いストレスの対策《たいさく》を養老《ようろう》先生に聞きたいのですがお願《ねが》いします。

拓也《たくや》くん（14歳《さい》）中二・東京都《とうきょうと》

ああ、本当に多いね、こういう悩《なや》みが……
どうして誰《だれ》も教えてやらないんだ。
人間だけが世界じゃないんだ、って。

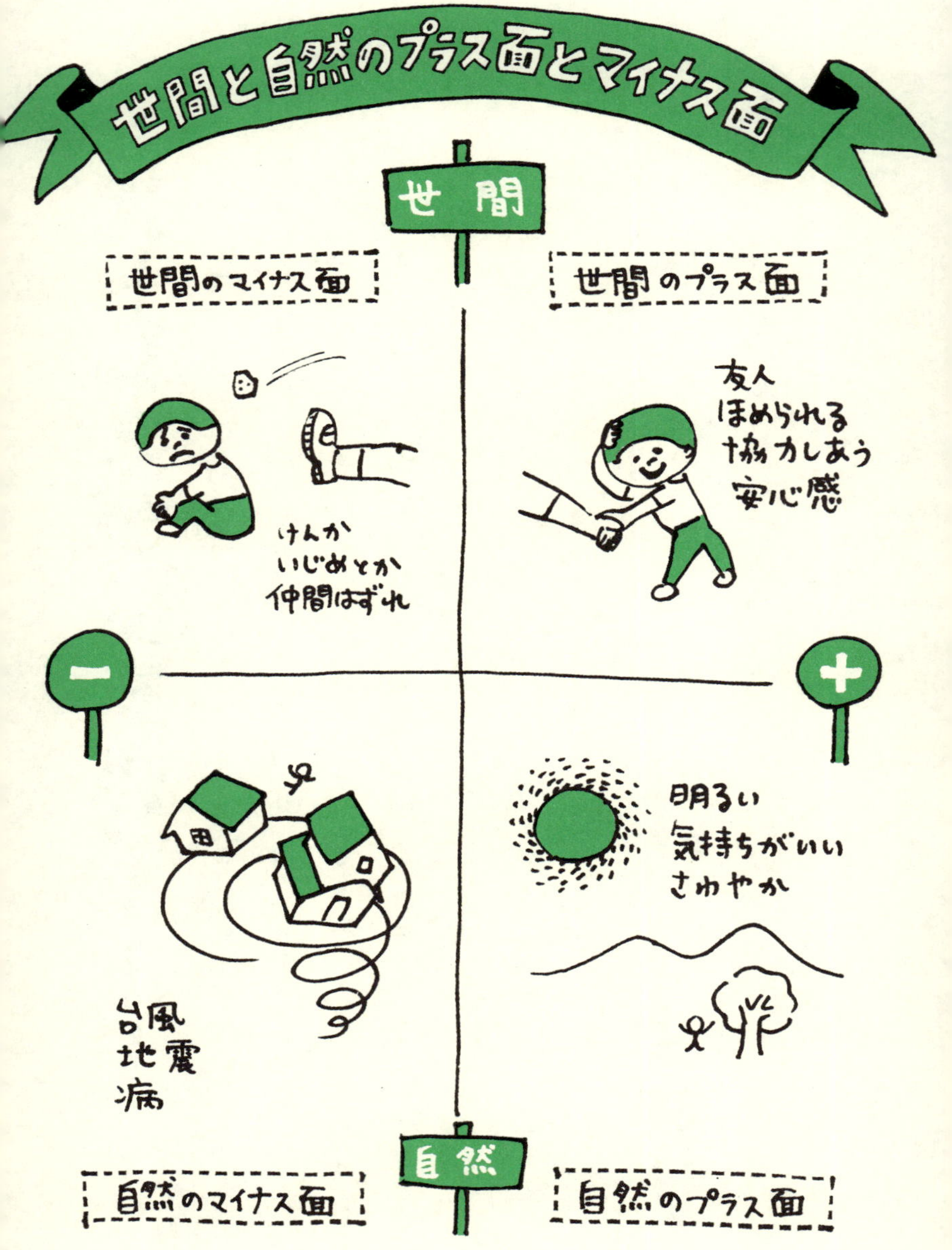
世間と自然のプラス面とマイナス面
世間
世間のマイナス面
世間のプラス面
けんか
いじめとか
仲間はずれ
友人
ほめられる
協力しあう
安心感
−
+
台風
地震
病
明るい
気持ちがいい
さわやか
自然
自然のマイナス面
自然のプラス面

中国の昔の詩人、李白《りはく》が言っている。別《べつ》に天地あり、人間《じんかん》にあらず、って。つまり、世間以外《いがい》に、天地があるよって。

中国だと、唐《とう》の時代までは、そういう感覚《かんかく》があった。それも、だんだん都会化されると、なくなってくる。ぼく、ホントに、キミたち子どもって、かわいそうだと思う。もともと、ぼくらの生きている世界には、世間と自然《しぜん》と二つの軸《じく》があってね。世間のいいとこは、褒《ほ》められたり、友達《ともだち》がいること。わるいところは、いじめとか、喧嘩《けんか》があるとか、人間関係《にんげんかんけい》でしょう。自然《しぜん》のいいとこは、天気がいいとか、明るいとか、さわやかとか、これもいろいろあるし、わるいところは、台風とか、地震《じしん》とか、病《やまい》とか、こちらもいろいろある。

ところがね、子どもたちの世界から、自然《しぜん》のほうが急激《きゅうげき》になくなっちゃったんですよ。そうしたら、人間関係《にんげんかんけい》の世界が倍になっちゃったんです。

ぼくみたいに、虫でも捕《と》ってみなさい。

人間ばっかり、相手にするからわるいんです。

つまり、人間のことばかりで頭がいっぱいで、「花鳥風月《かちようふうげつ》」がない。花鳥風月《かちようふうげつ》が自分の中に、ある価値《かち》としてキチンと入ってないと、どうしても人間関係《にんげんかんけい》ばかりが拡大《かくだい》されてしまう。

ぼくは、虫が好《す》きなんだけど、少なくとも、虫に夢中《むちゆう》になっていれば、人間のことを考えることが、半分になりますよ。

こころとからだだってそうでしょ。こころは人間の中に入っていっちゃうけど、からだはそうじゃない。からだは本来、自然《しぜん》なんです。でもみんな、こころのことばかりが気になる。

キミ、東京に住んでるんでしょ。じゃ、檜原村《ひのはらむら》でも行ってちょっとからだ使って農作業すべし。

で、これ以上《いじよう》、人間イヤなんでしょ、猫《ねこ》でも豚《ぶた》でも相手にすればいいんです。

私《わたし》たち、どういうおとなになりますか？

うちの親が養老《ようろう》先生の大ファンで、本を読んでは今の教育はだめだ。おまえたちはゲームばっかりやってるとろくなおとなになれないぞ、とか言います。農業をやれとか言います。死んだおじいちゃんもそんなこと言ってたし、なんとなくわからないでもないのですが農作業とか、そんな環境《かんきょう》も機会《きかい》もありません。学校の先生も受験《じゅけん》とかの話ばかりしていていじめがあっても無視《むし》だし、どうしたらまともなおとなになれるかとかどう生きるかなんて話はしてくれません。ともだちにも何となく話せません。養老《ようろう》先生の本を読んでみようかと思うこともありますが、脳《のう》とか難しそうでなかなかできません。このままだと私《わたし》たちはどういうおとなになるのでしょうか。

真由《まゆ》さん（14歳《さい》）中二・東京都《とうきょうと》

あなたは、きわめてマトモです。立派《りっぱ》なおとなになります。大丈夫《だいじょうぶ》。自分ではわからないかもしれないけど、ちゃんと自分の常識《じょうしき》でいろいろ判断《はんだん》してます。質問《しつもん》読めばわかるよ。えらい。

思うようにいかないのは、おとなも同じ？

うちは本屋をやっていて、養老孟司《ようろうたけし》先生の本が置《お》くとよく売れます。親が喜《よろこ》んでいるのでちょっとみてみたら、「こどもは自然《しぜん》」とかいうふうに書いてありました。何歳《さい》くらいまでがこどもなんでしょうか。

自然《しぜん》という意味があまりよくわからないのですが（思うようにいかないものということ？　というふうに書いてありました）、思うようにいかないのはおとなも同じ気もしますが、またちがうことですか。（ちゃんと読めなくてすみません）

……………………………………浩太《こうた》くん（13歳《さい》）中一・東京都《とうきょうと》

「思うようにいかないのは、おとなも同じ」というのは、本当にそのとお

りだよなあ！（笑）

そういうふうに考えるのを自分で考えるって言うんだ。キミには謙虚《けんきょ》さがある。それがものごとがわかっているということだよ。

「子どもは自然《しぜん》」っていうのはね、人間のからだが自然《しぜん》であるように、子どももまた自然《しぜん》なんだってことですよ。なぜならね、子どもは、意識的《いしきてき》に設計《せっけい》できないから。そうでしょう？　そういう意味です。

何歳《さい》くらいから、おとなかっていうのは、べつにはっきりとした定義《ていぎ》はありません。

おとなになれないで、妙《みょう》な事件《じけん》を起こす人もいますね。ぼくだって、おとなだったら、虫なんか捕《と》ってないです。それに虫、虫、って虫のことばっかり考えてますから、回りからは気味悪がられてますよ。でも、いいんです。

世の中、思うようにいかないんですよ。

家族に、虫を好《す》きになってほしいんです。

ようろう先生はテレビでみたことがあります。虫にかんしんがあると言っていました。ぼくも虫（ちょうとかも）が好《す》きで2年のときからなつやすみにいなかやどこかにいったときとかにつかまえています。ちかくのおにいさんが標本箱《ひょうほんばこ》を見せてくれてすごいいいなと思ってぼくも作りたいと思っていますが、おかあさんや、いもうともざんこくだからやめろとかきもちわるいとかいいます。すこしすきになってほしい。ほうほうはありますか。

修次《しゅうじ》くん（8歳《さい》）小三・群馬県《ぐんまけん》

かわいそうにねえ、こういうふうに迫害《はくがい》されるんですね。「ざんこくだからやめろ」とか「きもちわるい」とかね。よくわかりますよ。

でも、それくらい覚悟《かくご》しないと、生きてはいけませんって。あとは、それに逆《さか》らわないことですよ。むこうがあきらめるまで、言わせておく。しようがないからね。でもしばらく、というか長いあいだそうしておけば、こんどはそのうち、「ちょっと捕《と》ってきてくれ」なんて言ってくることがある。ホントに自分が好《す》きなら、虫捕《むしと》りで人に悪意を持たれるようなことはないから、大丈夫《だいじょうぶ》。

以前《いぜん》、ベトナムの山奥《やまおく》の田んぼの脇《わき》で、虫を捕《と》ってたときの話。まだ外国人のこないころの北ベトナムの田舎《いなか》だったんだけれど、子どもが、もうこっちに寄《よ》ってくる寄《よ》ってくる。なんだかわからないヤツがヘンなことしてるな、ってね。で、そのうち、たぶん子どもから報告《ほうこく》を受けたのだろう長老《ちょうろう》が、いったい何してんだ？ って感じで、出てきた。しかたないから虫を見せたら、ニターって笑《わら》った。いかにもバカだねこいつは、って感じで。そんなもんですよ。

相手を説得《せっとく》するのはたいへんだ。でも、誰《だれ》にも迷惑《めいわく》かけてるわけじゃなし。相手が、あきらめるまで待つしかないんだ。残酷《ざんこく》っていうけどね、それは都会の人があとでつけた理屈《りくつ》なんです。都会の人って、人間の意識《いしき》が作ったものじゃないと、認《みと》めないところがあるからね。昆虫採集以前《こんちゅうさいしゅういぜん》に、虫がいるってこと自体《じたい》、気に入らないんだ。俺《おれ》が好《す》きで置《お》いたわけじゃない、じゃまなんだよ、っていう感覚《かんかく》だろうね。雑草《ざっそう》に対してとおんなじだ。勝手に生えてきやがってって……。そういうものは気に入らないんだよ。ひどい話だ。

バカなおとなにならないためには?

今の若者《わかもの》はバカだバカだとおとなは言います。でもぼくなんか、おとなのほうがよっぽどバカじゃないかと思います。政治《せいじ》だって経済《けいざい》だって。自分の利益《りえき》のことしか考えないじゃないですか。なんか自分の子どもさえよければいいとかいう親だって多いですよ。教師《きょうし》だってなに聞いても答えられないしその場だけじゃんと思う。みんな表面的《ひょうめんてき》だし金儲《かねもう》けばっかり。将来《しょうらい》暗いです。好《す》きなおとな、えらいなって思うおとななんていない。そんなのにバカだなんだって言われるのはハラがたつんです。勉強できなくてもと言うけど、それしか計りがないでしょ? まともなおとなってどんなふうだと養老《ようろう》さんは思いますか? どうしたらあのバカなおとなにならないですみますか?

勲《いさお》くん(17歳《さい》)高二・東京都《とうきょうと》

若《わか》い子が社会に反応《はんのう》するしかたって、いろいろあるけど、典型的《てんけいてき》な昔ふうの反応《はんのう》のしかただな。これで、社会制度《しゃかいせいど》まで批判《ひはん》するようになると、昔で言う、「全共闘《ぜんきょうとう》」になります。まあいまは時代がちがうからね。

気に入らないだろうけど、おとなになったらキミは、真面目《まじめ》なサラリーマンになるんじゃないかな。ここまで言えるんだから、バカじゃないしね。自分はバカじゃないと、本人も主張《しゅちょう》しているわけだし……。

でも、理屈《りくつ》ばっかり並《なら》べるのもいいけどね、キミのいうようなおとなになりたくないならね、早くからだ使って働《はたら》くのがいいと思います。やってみれば、すぐわかるんだ。自分がどれくらいできるかってことが。

たとえば大工やったって、高いところから落っこちないように歩く技術《ぎじゅつ》を身につけなきゃならないし、そういうことをすれば、いかに自分が何もできないか、それやるのが、いかにたいへんなことか、わかるんですよ。

そしたら、バカもクソもない。それできなきゃどうしようもない、ってこ

とだけですから。

それからだね、「計りがひとつしかない」と言い切るのは。

昔だったら、こういうこと言うヤツがいたら、生意気言うんじゃねぇって、おとながポンとはじいて終わり。えらそうなこと言うならオマエ、いったい何ができんだって、それで終わりです。

何度も言うけど、からだを使って、習熟《しゅうじゅく》して身につけなくちゃならないことが、非常《ひじょう》に減《へ》っちゃってるから、すぐに理屈《りくつ》に回る。

まあ、女の子だったら、あるときになって子育てをしたら、理屈《りくつ》ばっかり言っててもどうにもならない、からだ使って、からだでおぼえなきゃいけないことが、少しは身につくんだけどね。注文したとおりの仕様の子どもなんてないからね。

いまの時代、ふつうに生きてたら、情報処理《じょうほうしょり》しかする必要《ひつよう》がない。携帯《けいたい》やる、学校の勉強やる、メールやる……、全部情報処理《じょうほうしょり》でしょう。

からだ使うことが、どこにも入ってない。で、からだ使うことといったら、体育だと思ってる。からだを使うって、そういうことじゃない、ってことは、さんざん説《せつ》明《めい》したとおりです。

第4章

日本人の脳《のう》ミソ、どうなってますか？

日本人の脳《のう》の特徴《とくちょう》を知りたいです。

日本人の脳《のう》はほかの国の人の脳《のう》と、どうちがうんですか？　それに死ぬまでぜったいに外国人の脳《のう》になることはないのですか。それから、国による脳《のう》のちがいを教えてください。

香織《かおり》さん（15歳《さい》）高一・山口県《やまぐちけん》

ぜったいに外国人の脳《のう》になることはないのですか、って、なんだか極端《きょくたん》だねえ、キミも。

まず第一に、日本人の脳《のう》でいちばん特徴《とくちょう》のあるのは、言葉に関連《かんれん》した部分です。そして、日本語くらいヘンな言葉はないんですよ。どこがヘンかと言うと、漢字を音訓《おんくん》読みするところなの。音訓《おんくん》読みなんて、そんな字の読みかたをするところは、世界中《せかいじゅう》で、ほかにどこにもない。

中国語は、あたりまえですけど、音読みです。朝鮮語《ちょうせんご》は漢字が入ってきたとき、全部音読みとして取り入れた。ところが、日本は漢字に送《おく》り仮名《がな》をつけて、訓読《くんよ》みにもする。つまり、漢字を日本語にしちゃったんです。みんな、ほとんど気づいていないけどね。

それから、「失読《しつどく》」っていって、字が読めなくなる場合《ばあい》、漢字が読めなくなる人と、仮名《かな》が読めなくなる人が両方いるんです。しかも、両方いっぺんに読めなくはならない。そんなに大きく壊《こわ》れると、意識自体《いしきじたい》が失《うしな》われます。

じつは漢字を読むための場所と、仮名《かな》を読むための場所って、脳《のう》の中でちがう場所にあるんです。

だいたい日本の漢字の読みというのは、ひとつの漢字に対して、いくつもいくつもあるわけでしょ。「重」を〝「重」い（おもい）〟とも読み、

〝「重」ねる（かさねる）〟とも読む。ぜんぜんちがうでしょう。それにこんどは、「大」を続《つづ》ければ〝「重」大（じゅうだい）〟、〝「重複」（ちょうふく）〟という読みかたもある。もうむちゃくちゃ、ちがう。たいへんだよね、おぼえるだけでも。

そんなふうに、日本語は、文字《もじ》と音声を、簡単《かんたん》には結《むす》びつけられない言語なんです。

だからね、まず漢字のもっている意味を、先にとる、ってわけでしょ。これはね、日本でマンガがこれほど盛《さか》んなことと、明らかに関係《かんけい》がある。どうしてかというと、マンガの絵は、漢字なんです。ふき出しが、読みにあたります。すなわち、ひとつの意味を持った図形に対して、いろいろな音声をふることもできるわけだよね。

そういうことが、きわめて特殊《とくしゅ》であるということは、なんとなくわかるでしょう？　だから、日本人の脳《のう》が、よその言語で意識活動《いしきかつどう》をしている脳《のう》といかにちがうかっていうことも、想像《そうぞう》できますね。

で、国や文化による脳《のう》のちがいは、ほとんど調べられていない。というのも、そういうことの必要性《ひつようせい》とかを主張《しゅちょう》すると、キミたちも聞いている言葉だと思うが、いわゆる「グローバリゼーション」の世界で、いやがられるんだ。

だけどね、いま言ったように、まちがいなく文化によるちがいがある。


こんな話もあります。

最近《さいきん》、日立《ひたち》が、「光トポグラフィー」っていう、脳《のう》を調べる装置《そうち》を使って、フランス人の、生まれたばかりの赤《あか》ん坊《ぼう》の脳《のう》を調べた。もちろん、これを調べる上で、赤《あか》ん坊《ぼう》になにか悪い影響《えいきょう》は、ありません。

で、何をしたかというと、フランス人の新生児に、フランスのテレビのニュースの音声を録音《ろくおん》したテープを聞かせた。そうするとね。子どもの左脳《さのう》が、ちゃんと反応《はんのう》することがわかった、新生児ですよ。それから、こんどは、同じテープを逆回《ぎゃくまわ》しして聞かせたら、なんと左脳《さのう》は反応《はんのう》しなかったんですよ。

これは、赤《あか》ん坊《ぼう》は、すでにお母さんのお腹《なか》の中で、お母さんがしゃべって

るのを聞いてますから、生まれたばかりでも、お腹《なか》の中で聞いていたお母さんの言葉（＝母国語）と、それ以外《いがい》を区別《くべつ》できてるってことですよ。

胎教《たいきょう》で、お母さんがお腹《なか》の中の子どもに本を読んでやる。それで、生まれてから、同じものをお母さんが読んでやると、赤《あか》ん坊《ぼう》の心拍数《しんぱくすう》が下がり、落ち着くってことは、前からわかっていた。でもね、この光トポグラフィーの実験《じっけん》で、何がわかったかというと、子どもは、生まれたときから、すでに母国語と、そうでない言語を（つまり、お母さんのお腹《なか》の中で聞いていた言葉と、そうじゃない言葉を）区別《くべつ》しているということがわかったわけです。

新生児でも、母国語と、そうでない言語を区別《くべつ》しているのだから、日本人の脳《のう》は、やはり日本人の脳《のう》なんですよ、きっと。

答えになりましたか？

おとなと子ども、男女の脳《のう》のちがいは？

おとなとこどもの脳《のう》のちがいを教えてください。男と女の脳《のう》のちがいもできれば教えてください。

美哉《みや》さん（15歳《さい》）中三・福岡県《ふくおかけん》

子どもの脳《のう》は、前にも説明《せつめい》したように、非常《ひじょう》に融通《ゆうずう》がきく。非常《ひじょう》に変《か》わるものなんですね。むずかしく言うと可塑性《かそせい》が高い。おとなの脳《のう》は可塑性《かそせい》が低《ひく》くなります。

男女の脳《のう》は、言われているほど、ちがいません。だけど、部分的《ぶぶんてき》に男と女ではっきりちがうところは見つかっています。ごく一般的《いっぱんてき》に男と女のち

がいで目立つのは、言葉は女性《じょせい》のほうが、はるかに得意《とくい》ということです。それから、左右の脳《のう》をつなぐ脳梁《のうりょう》という繊維《せんい》も、比較的女性《ひかくてきじょせい》のほうが太いことが、昔から解剖《かいぼう》でわかっている。これは言葉とやはり関係《かんけい》があります。女性《じょせい》が言葉を使っているとき、脳《のう》の両側《りょうがわ》を使っていることが多い。男は左側《ひだりがわ》を使っている。アナウンサーの古《ふる》舘伊知郎《たちいちろう》さんみたいな例外《れいがい》はあるけどね。男と女のちがいは、個人差《こじんさ》が入ってくるので、気をつけて考えないといけない。たとえば、相当背《せ》の高い男の人をとってもね、世界中探《せかいじゅうさが》せば、同じくらいに背《せ》が高い女性《じょせい》ってかならずいるんですよ。そういうことでしょう。

だいたい男と女、って言ったって、そんなにきれいに切れませんよ。はっきり区《く》別《べつ》があるものだとか、あんまり思いこまないほうが、いいねえ。

日本語がうまくなりません。

こんにちは。養老《ようろう》先生に質問《しつもん》です。わたしは、6さいから小学校四年まで父の都合で、フランスですごしました。いま、日本語がよくわからないので塾《じゅく》にいっていますが、なんていうか、うまくならないのです。それに、しっくりこない。塾《じゅく》の先生は、日本人とヨーロッパの人は、のうのつくりがちがうので、ことばを覚《おぼ》えるのもたいへんだ、と言っていました。私《わたし》は日本語がうまくなるのでしょうか？　フランス語はつかわないほうがいいのでしょうか？　そしてどんな脳《のう》のちがいがあるのでしょうか。

花梨《かりん》さん（11歳《さい》）小五・東京都《とうきょうと》

これはむずかしい話です。いわゆるバイリンガルの問題だね。うまくなるかならないかには、非常《ひじょう》に個人差《こじんさ》もあります。

そして、場合《ばあい》によっては、強制的《きょうせいてき》にバイリンガルにしようとすると、い

ろんな障害《しょうがい》が起こったりもする。

だから、日本語にするか、フランス語にするか、あなたの場合《ばあい》は、もしもあまりに日本語が苦手だったら、フランス語にしちゃったほうがいい。これはね、親がちゃんと関心《かんしん》を持たなきゃいけないことだ。思っていることを、親にきちんと話したほうがいいよ。親はおそらく、単純《たんじゅん》に両方できればいいと思っているんだろうけど、その考えは甘《あま》い。

言葉っていうのは、そんなにどんどん入るものじゃないんです。

とくに日本語はね、さっき、最初《さいしょ》の質問《しつもん》のところで話したように、視覚的《しかくてき》言語でしょう。これはフランス語と対極《たいきょく》にあるような言葉なんです。そのふたつを小さな子どもに強制的《きょうせいてき》におぼえさせようとしても、それが可能《かのう》であるためには、その子の脳《のう》がそうとう丈夫《じょうぶ》じゃないとむずかしい。頭のよしあしよりも、丈夫《じょうぶ》かどうかという問題も重要《じゅうよう》なんですよ。

それがたとえば、オランダ語と英語《えいご》だったら、ほとんど問題ないんです、だって、関西弁《かんさいべん》と関東弁《かんとうべん》より、もっと近いからね。

日本語とヨーロッパの言語は、日本人と西洋人の脳《のう》のつくりがちがうから、言葉をおぼえるのがたいへんなんじゃないんです。

そもそも発想がちがうから、同時におぼえることがすごくむずかしいんです。

子どもにほかの言語を教えるっていうの、はやりみたいだけどね、そんなに簡単《かんたん》に考えるべきではありません。

言葉と脳《のう》ミソ

言葉ができる生き物と、言葉ができない生き物とでは、脳《のう》がどういうふうにちがうのですか。学校の生物の先生に聞いても答えてもらえませんでした。

琢磨《たくま》くん（13歳《さい》）中二・福島県《ふくしまけん》

言葉ができる生き物、人間ね。人間は大脳皮質《だいのうひしつ》が少なくともチンパンジーの三倍以上《いじょう》あります。大きいんでしたよね。

ところで、言葉ができるかできないかというのは、どういうことかと考えてみると、これはじつは、「同じ」っていうことと、「ちがう」っていうことと関係《かんけい》があるんです。前に別《べつ》の本でも書いたことなんですが。少しややこしいですけどだいじなことなんで、説明《せつめい》します。

そもそも言葉というのは……まず感覚《かんかく》でとらえられるものがあって、そこに存在《そんざい》するものを指して一気に、たとえばりんごなら「りんご」ととりあえず言いますね。ところが、感覚的《かんかくてき》にとらえた一個《こ》一個《こ》の個別のりんごは、ほんらい、すべてがちがうものでしょう？　ひとくくりに同じ「りんご」と言ってしまうには、無理《むり》があるくらい、大きさもつやもかたちも、微妙《びみょう》にひとつずつちがう。これはわかるでしょう？　だけど、とりあえず「りんご」とくくれば、頭の中にあるりんごと対応《たいおう》する。それにそうしないと、他人と「りんご」の話ができない。

つまり、自分の頭の中にも、他人の頭の中にもあるのは、ここでは「同じ」りんご。これがつまり、「りんご」という「概念《がいねん》」なんです。これがないと、友達《ともだち》や先生や親、誰《だれ》とも話はできない、ってことはわかりますよね。

で、このちがいを英語《えいご》で言うと、同じりんごのほうは、〝an apple〟、ちがうりんごのほうは、〝the apple〟となるわけです。

余計《よけい》なことですけど、「概念《がいねん》」というのは、ほかにもたくさんあるでし

ょう？　さらに高度になると、たとえば正義《せいぎ》とか、友情《ゆうじょう》とかのいわゆる抽象名詞《ちゅうしょうめいし》もそうです。やはり、直接《ちょくせつ》、感覚《かんかく》で捉《とら》えられないものですね。「りんご」とかではあり得《え》ないけれど、そういうものについては、意見が食《く》いちがうことが十分ある。こういう場合《ばあい》は、単純《たんじゅん》に「同じ」じゃすまなくてね、オマエの言っている友情《ゆうじょう》は、友《ゆう》情《じょう》じゃない、とかっていう話になる。オマエの言ってる正義《せいぎ》は、正義《せいぎ》じゃないとかね。こういうことが起こってくるのは、つねに概念《がいねん》のほうの世界。あたりまえですが、こんな話、人間以外《いがい》の世界には、ありゃしませんよね。

話をもどします。気をつけないといけないのは、ここで言っている「同じ」と「ちがう」ということ、これはふつうでいうところの反対語、じゃありません。頭の中の「概念《がいねん》」と、感覚《かんかく》でとらえられる、具体的《ぐたいてき》なモノ、というちがいです。

またいっぽうで、「正しい」りんご、という字もありません。つまり、活字にしたって、書《か》き文字《もじ》にしたって、そのかたちはよく見ると、全部、微妙《びみょう》に、あるいはぜんぜんちがうわけでしょう？　「りんご」という音にしたって、個人個人《こじんこじん》の声の質《しつ》や発音や発声のしかたで、全部ちがう。英語《えいご》の発音だって同じことです。こんなこと言えば、学校の先生は困《こま》ると思うけど……、でも、そう言わざるを得《え》ない。ここで、重要《じゅうよう》なのは、それぞれがこういうふうにちがうのに、「同じ」という概念機《がいねんき》能《のう》が強くなったということが、ほかの動物との大きなちがいだということです。

英語《えいご》の場合《ばあい》の不定冠詞《ふていかんし》（“an”）、ってわかりにくいでしょう？　でも、こうして概念《がいねん》化されたりんごには、不定冠詞《ふていかんし》がつくんです。定冠詞《ていかんし》（“the”）がつくのは、感覚《かんかく》でとらえられた、それぞれの、個別《こべつ》のりんご。

日本語の場合《ばあい》はどうなるか、考えてみます。

たとえば、「むかしむかし、おじいさんとおばあさんが」と言いますね。

で、次には「おじいさんは山へ芝刈《しばか》りに」と言うでしょう？

前者は、「おじいさんが」、後者は「おじいさんは」、つまり助詞《じょし》がちが

頭の中にある「りんご」と具体的な「りんご」

みんなの頭の中にある りんご	感覚でとらえられる りんご
＝	＝
An apple.	The apple.
＜不定冠詞。おじいさんがの「が」と同じ。＞	＜定冠詞。おじいさんはの「は」と同じ。＞
こちら側の「りんご」は　いわば　みんなの脳の中にある「りんご」。みんなが　どんなときも同じものを　イメージできる。ことばや意識、コミュニケーションや社会、自己同一性などに関係する大切な概念。	こちら側の「りんご」は　それぞれ個別の現物の「りんご」。形も「りんご」の文字もすべて異なる。猫や犬の世界はこちらしかない。

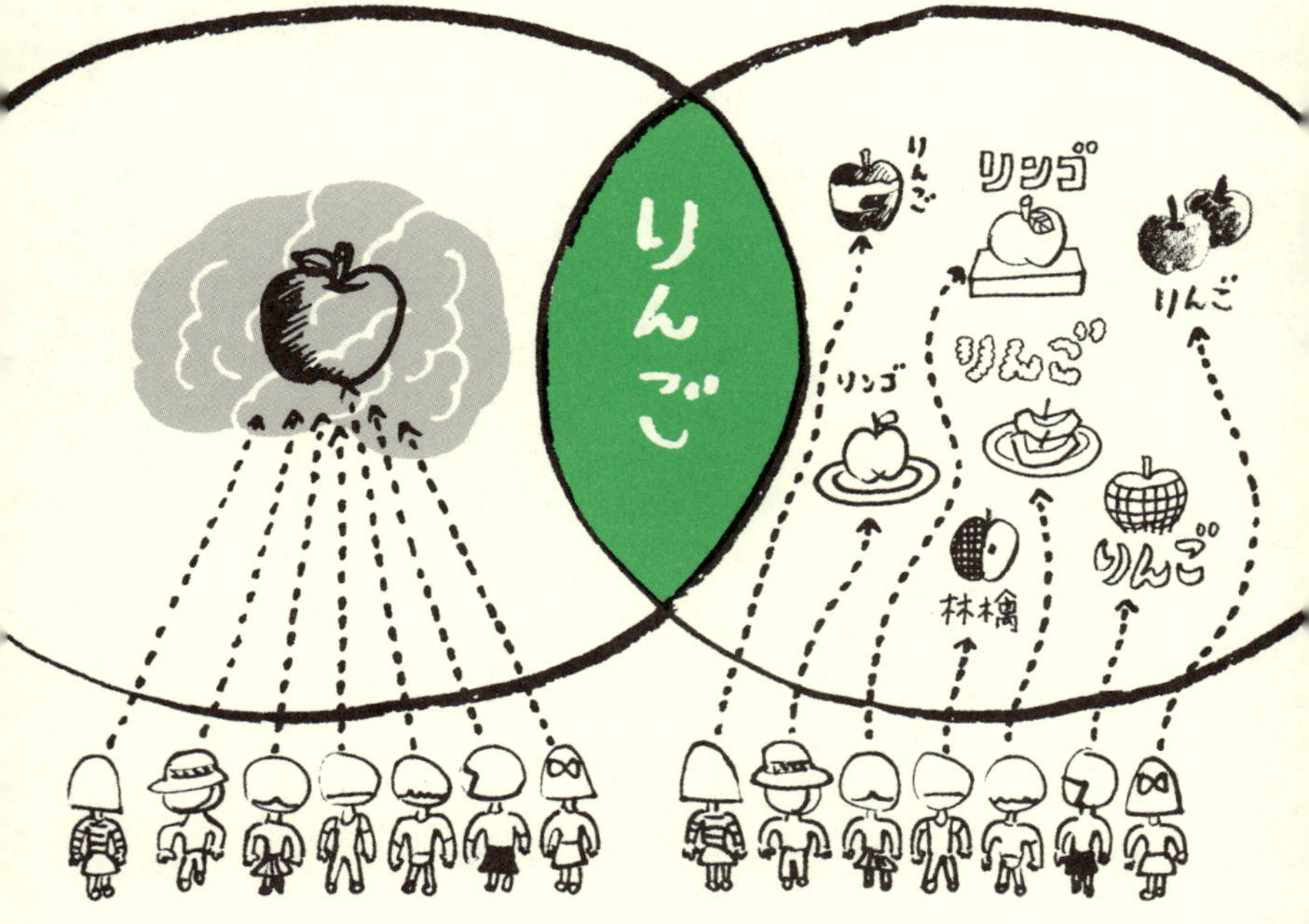

う。

言葉は基本的《きほんてき》に、こういう「同じ」と「ちがう」という区別《くべつ》を、キチンとしているんです。さっきの日本語の場合《ばあい》、「が」は不定冠詞《ふていかんし》、「は」が定冠詞《ていかんし》、というわけです。

でも、国語の先生は、こういう考えかたや教えかたをしない。それは、脳《のう》の働《はたら》きを導入《どうにゅう》しないで、言葉だけの世界で説明《せつめい》しようとしてきたからです。でも、いまの説明《せつめい》で、不定冠詞《ふていかんし》と定冠詞《ていかんし》のちがいについては、はっきりするでしょう？

さて、ほかの動物はどうしてるかというとね。すべての世界が「ちがって」見えている。「同じ」っていう概念《がいねん》はありません。たとえば、猫《ねこ》。猫《ねこ》は目の前のさんまが食えるか食えないかだけの判断《はんだん》ができればいいわけだからね。

猫《ねこ》は社会生活しませんから。つまり、ケンカ相手の猫《ねこ》見てね、そいつにも自分の家があって、自分とおんなじように生活している、なんてことを

理解《りかい》する必要《ひつよう》がない。ほとんどの動物は、その必要《ひつよう》がない。だから「同じ」って機能《きのう》が強くなってくるのは、社会生活をする動物だけなんです。

さらに、この「同じ」ってことは、自分にも向かいますから、それが自己意識《じこいしき》ってものになるんです。ここで、自己同一性《じこどういっせい》が発生してきます。

自己同一性《じこどういっせい》という意識《いしき》は、感覚《かんかく》からは発生しません。どうしても、感覚《かんかく》の世界では、猫《ねこ》の話同様、それぞれの対象《たいしょう》が、ひとつひとつちがっちゃうからね。自己同一性《じこどういっせい》、言葉はむずかしいけど、わかるでしょう？　眠《ねむ》って目が覚《さ》める、眠《ねむ》って目が覚《さ》める、そのつど、もどってくるのは、いつも「同じ」自分だということ。言葉が発生するのと、自己同一性《じこどういっせい》が発生するのは、同じことでもあるんですよ。当然《とうぜん》どちらも、人間ならではのことです。

戦《せん》争《そう》を考えない脳《のう》にはなれないんですか？

私《わたし》の住んでいるところもそうですが、人間はずっと戦《せん》争《そう》やたたかいばかりしていると思います。反《はん》省《せい》したり、歴《れき》史《し》から学ぶという頭《ず》脳《のう》を、人間はなぜ持てないのでしょうか。どんなひどい戦《せん》争《そう》があっても、それからは戦《せん》争《そう》を考えないような脳《のう》を人間は持てないのでしょうか。なんか人間が発《はっ》達《たつ》して、悪い方向ばかりに頭を使っているとしか思えないのです。

伊《い》織《おり》さん（16歳《さい》）高一・広《ひろ》島《しま》県《けん》

人間は、ずっと戦《せん》争《そう》やたたかいばかりをしてるわけじゃないんだよ。戦《せん》争《そう》やたたかいばかりを、記《き》録《ろく》に残《のこ》すんだ。つまり、なにごとも起こらなかったということは記《き》録《ろく》に残《のこ》さない。ジャーナリズムが典《てん》型《けい》的《てき》にそうだけど、

何かが起こったとき、そのことを報道《ほうどう》する。それは、まさに情報《じょうほう》でしょう。そして、起こったことばかりがずーっとつながれて、歴史《れきし》というものになるわけです。そうすると、歴史《れきし》って、起こったことの連続《れんぞく》だって誤解《ごかい》が生じる。

人生見たらわかるけど、なにごとも起こらないことのほうが、ずっと多い。そんな余計《よけい》なこと心配しないでいい。なにごとも起こらないことがだいじなことなんだ、って理解《りかい》するまで、まだ相当長く生きなきゃ、わからないかもしれないけどね。答えになっていないかもしれないけれど、ぼくが言いたいのはそういうことです。

おばあちゃんの脳《のう》と、私《わたし》の脳《のう》

昔の（戦争《せんそう》のあった時代の）日本人と、いまの日本人の脳《のう》はちがうのでしょうか。おばあちゃんの言うことが我慢《がまん》しろとかそんなことばっかりでよく理解《りかい》できなくて……おばあちゃんも私《わたし》たちの考え方がいつもわからないと言っています。時代とともに脳《のう》や考え方はそんなに大きくちがうのか教えてください。

……恵《めぐみ》さん（15歳《さい》）高一・東京都《とうきょうと》

脳《のう》がちがうんじゃありません。あんたの考えが足りないんです（笑）。

たしかにいまの子が我慢《がまん》がないということは、客観的《きゃっかんてき》に証明《しょうめい》されています。調査《ちょうさ》で、いまの六年生が、三十年前の小学校二年生と同程度《どうていど》の辛抱《しんぼう》しかできないことがわかっています。

辛抱《しんぼう》ができなくなった理由は、たぶんはっきりしていて、ぼくがずっと

言っている、ああすればこうなるという生活環境《せいかつかんきょう》と関係《かんけい》あるでしょうね。ボタンを押《お》せば、ひとりでに風呂《ふろ》が沸《わ》くとか、そういうことばっかりの生活をすれば、そこでは我慢《がまん》をする必要《ひつよう》なんてなくなります。これはおとなの責任《せきにん》だけれど、子どもはそれに、すごく影響《えいきょう》を受けている。

もとはと言えば、キミのせいじゃないよ。でもねえ、少しは我慢《がまん》をおぼえたほうがいいです。で、我慢《がまん》をおぼえるには、自然《しぜん》と付《つ》き合《あ》うしかありません。つまり田んぼで稲《いね》を育てるとするでしょう？　そうすると、育ちあがるまでに、三ヶ月とか、たっぷり時間がかかります。で、その間、ずっと面倒《めんどう》みてやらなきゃない。それをすれば、収穫《しゅうかく》までに、どれだけの手順《てじゅん》がいるかわかるし、その間、ずっと待ってなきゃいけない。昔の人は、みんなからだを使いながら、そういうことをやってたんだ。

今は、あいだの手順《てじゅん》をすべて、機械《きかい》がやってくれる。そういう世界を作って、余《よ》計《けい》なことを考えなくてすむようになったって言うけれど、必要《ひつよう》なことすら考えなくなったんだよ。

それに人間、不便《ふべん》な昔にはもどれない、とは言うけれど、そんなおとなのセリフは鵜呑《うの》みにしないほうがいいです。そんなこと、誰《だれ》も証明《しょうめい》してないんですから。

キミも、田舎《いなか》に行って、農作業をするといいよ。あるいはせめて、思うようにいかない動物とかを飼《か》ってみるとかね。当然《とうぜん》、親に世話なんてさせちゃだめです。自分で毎日、世話してくださいよ。

努力《どりょく》は、ムダだと思いますか？

自分の性格《せいかく》や知能《ちのう》を決めているのは遺伝子《いでんし》だと聞いたことがあります。だとしたら、努力《どりょく》したりするのはムダなんでしょうか。

果歩《かほ》さん（17歳《さい》）高二・東京都《とうきょうと》

キミ、これは非常《ひじょう》に大きな誤解《ごかい》ですよ。たしかに遺伝子《いでんし》が決めているんですけど、ある面はね。でも、すべてを決めているわけじゃない。たとえばね、いれもので考えてみるのがいいです。遺伝子《いでんし》は、いれもののかたちは決めちゃうんです。だけども、いれもののかたちはどうであろうと、その中には、いろんなものを入れることができるでしょう。遺伝子《いでんし》の話は、そういう話と同じなんです。

話を変《か》えます。努力《どりょく》してもムダかっていう言いかた、考えかたね、いまの人がいちばんよく落ちる穴《あな》なんです。

うちの娘《むすめ》が部屋のそうじをしないから、怒《おこ》ったら、「どうせ汚《よご》れるんだから」と言ったことがある。だったら、どうせ腹《はら》が空《す》くんだから、ものは食うな、どうせ死ぬんなら、いま死ねといったら、死ぬか？

この手の理屈《りくつ》は、そもそもが成《な》り立《た》たない。アホなことを言うなって話です。

ああすればこうなる。すぐ結論《けつろん》だけを求《もと》めたがる。遺伝子《いでんし》がどうこう言う以前《いぜん》の問題なんですよ。

ボタンを押《お》したら、ご飯《はん》が炊《た》ける。キミたちのせいではないけれど、そういう世界で生きているでしょう。だから、あいだの過程《かてい》が全部抜《ぬ》けてしまって、で、結果《けっか》だけを早く求《もと》める。途中《とちゅう》のプロセスを全部飛《と》ばしている。

ところが、人生というのは、プロセスそのものなんです。

情報化社会《じょうほうかしゃかい》、ぼくは「脳化社会《のうかしゃかい》」と呼《よ》んでいるんだけど、その欠陥《けっかん》です。

そんなふうに考えちゃダメなんだよということが、いまみたいな世界にどっぷり浸《つ》かっていると、わからなくなっちゃうんです。ムダかどうか、そんなことばっかり考えないで、たまにはプロセスをたどれるようなことをしたほうがいいです。せめて夏休みとかに、農家におじゃまして、農業の手伝《てつだ》いでもしなさい。からだを使いなさいよ。

人間の感情《かんじょう》は、数値《すうち》に置《お》き換《か》えられますか？

脳《のう》をコンピュータでどこまで代用できるのですか。人間の「感情《かんじょう》」も数字に置きかえられると聞いたことがありますが、本当ですか。

章《あきら》くん（14歳《さい》）中二・東京都《とうきょうと》

脳《のう》はコンピュータで、かなりの程度《ていど》、代用できます。いちばんいい例《れい》が計算でしょ。昔は人間の脳《のう》がやっていた計算を、いまは、コンピュータでできるようになった。この計算のことを「アルゴリズム」と言いますが、こういう論理的《ろんりてき》な手順《てじゅん》を追ってやることは、もう、ほとんど、コンピュータにやらせることが可能《かのう》です。

しかし、そうでないこと、たとえば、パターン認識《にんしき》のようなものは、たしかにコンピュータはずっと下手《へた》です。まあ、これからもっと発達《はったつ》していけば、ある程度《ていど》まで可能《かのう》にはなるでしょうが、いまのところはけっこう、むずかしい。

このように、人間の感情《かんじょう》は、数字には置《お》き換《か》えにくい。とはいえ、コンピュータにだって、ある種《しゅ》の感情《かんじょう》のようなもの、とか、ある性質《せいしつ》、をつけることは、それなりに、できなくはありません。

たとえば、最初《さいしょ》にワープロを使い始めたころ、気づいたことがあります。

そのときは、昔の日本軍《にほんぐん》のことを書こうとしていたんだけれど、たとえば「戦艦《せんかん》」とか「巡洋艦《じゅんようかん》」とか、昔の兵隊《へいたい》の位《くらい》とかに類《るい》した言葉を、いっぱい変換《へんかん》しようとするわけです。

そうすると、出てこないんだ、そのあたりの漢字が。

これ、平和憲法《へいわけんぽう》のワープロだなって、ぼくは思いました。このコンピュータ、戦争嫌《せんそうきら》いだって思ってるやつなんだって、感じたんですよ。

わかりますよね？　キミは、「感情《かんじょう》」も数字に置《お》き換《か》えられるかって聞いているわけだけれど、感情《かんじょう》をそのまま数字には置《お》き換《か》えることはむずかしくても、コンピュータに、ある種《しゅ》の性質《せいしつ》を持たせることはできるわけです。

このことから、じつは感情《かんじょう》というのは、比《ひ》ゆ的《てき》に言えば、情報《じょうほう》の「重み」なんだ、という考えかたができます。

さっきのエピソードで言えば、一般的《いっぱんてき》な言葉を

漢字《かんじ》変換《へんかん》する場合なら、〇・一秒ですむのに、戦争《せんそう》に関連《かんれん》した言葉を変換《へんかん》しようとすると、一秒かかる、あるいは変換《へんかん》そのものができない、というふうに作る。そうすると、そう作られたコンピュータには、広い意味で「戦争嫌《せんそうぎら》い」という性格《せいかく》があるんだ、とみなすことはできますよね。これが、情報《じょうほう》にある重みをつける、ということです。

こんなふうに、感情《かんじょう》というものを、ある種《しゅ》の情報《じょうほう》の「重み」だ、って考えると、ある程度《ていど》は、「感情《かんじょう》」に近いようなものを、数字に置《お》き換《か》えることができると言えなくもないわけです。

言葉以外《いがい》のコミュニケーション

日本人の脳《のう》は、西洋の人の脳《のう》とはちがうと聞きました。いつも不思議《ふしぎ》に思うのですが、日本人のコミュニケーションは、言葉でない部分でのコミュニケーションだとかも言われます。言葉にしないことを理解《りかい》するというのは不思議《ふしぎ》だし、自分でもよくわからないのですが、かなりほかの国の人とちがう脳《のう》だからこそ可能《かのう》なような気もします。それから日本人ならみな、言葉にしない部分でのコミュニケーションができるようになるのでしょうか。

小夜子《さよこ》さん（16歳《さい》）高一・北海道《ほっかいどう》

さっき、日本人の脳《のう》ミソのことは、言葉との関係《かんけい》で少し説明《せつめい》しましたね。
しかしキミは、非常《ひじょう》に西洋人的《せいようじんてき》な考えかたをするね。つまり、はじめに

言葉ありきの世界。人間は言葉にならない微妙《びみょう》な表情《ひょうじょう》とか、同じ言葉でも抑揚《よくよう》とか、要《よう》するに言葉でない部分で、相手のことをいろいろ理解《りかい》するものでしょう。怒《おこ》っているとかは、顔を見ただけでわかるでしょ。「言葉にしないことを理解《りかい》するのが不《ふ》思議《しぎ》」というのが、そもそも非常《ひじょう》に西洋的《せいようてき》で近代化されてますよ。

いっぽう、これも前にお話しした、「ミラーニューロン」のようなことがありますからね。言葉にしなくったって、十分に理解《りかい》することはありうる。相手のやっていることに対して、直接的《ちょくせつてき》に反応《はんのう》してしまうという細胞《さいぼう》。でもこれも、理屈《りくつ》で反応《はんのう》しているのとはちがいますからね。

情報《じょうほう》が同じなのになぜ、ひとそれぞれ？

受けた情報《じょうほう》が同じであっても反応《はんのう》や考えが人それぞれなのはどうしてなのか。

啓太《けいた》くん（15歳《さい》）中三・大阪府《おおさかふ》

「受けた情報《じょうほう》が同じであっても」と言いますが、受けた情報《じょうほう》がまったく同じ、ということはあり得《え》ません。ひとつのものをみんなで見ている場合《ばあい》を考えてもわかるでしょう。まず、見ている角度が全員ちがいます。「同じもの」を見ることはできません。

そこから始まって、当然《とうぜん》のことですけど、過去《かこ》の履歴《りれき》、経験《けいけん》の積《つ》み重《かさ》ねだってあるわけでしょう。だから、似《に》たようなことを受け取っても、それ

がまったくちがって判断《はんだん》されることは、ごくふつうのことですよ。

脳《のう》のことを考えて、何がわかるんですか？

よくわからないのですが、人間の脳《のう》のことを人間が考えたり研究したりしてどのくらいのことがわかるのですか。生きている人間がしゃべったり考えたりしているときに、その脳《のう》の動きを知ることはできるものなのですか。

侑子《ゆうこ》さん（16歳《さい》）高二・埼玉県《さいたまけん》

あんたがこういうことを言って、何がわかるのかって、逆《ぎゃく》に聞きたいね。これは、どうせ汚《よご》れるんだからってそうじをしない子と考えかたが似《に》ている。つまりね、目標《もくひょう》がはっきり固定《こてい》されないときに、ものごとに意味がないんじゃないかって考える考えかたです。

昔は、そういうの、頭でっかちって言ったんです。でもね、最近《さいきん》はおとながまず、よく言うわけですよ、一体、そんなこととしてどのくらいのことがわかったんだよ？とか、ね。その影響《えいきょう》でしょうな。

よくある質問《しつもん》で、「脳《のう》のこと、どれくらいわかりましたか？」というのがありますけど、それに、何パーセントくらいって答える人がいる。こういうのは、まったく意味がないです。

人生とか学問とかは、要《よう》するに、プロセスでね。すぐに何かがわかることなんて、そもそも期待するものじゃないんです。わからなくったって、わかろうと思ってやってるとしか言いようがない。

ぼくの場合《ばあい》、なんでこんな学問、続《つづ》けているかっていえば、ひとこと、自分の頭の整理をしたいということだけですよ。世界を理解《りかい》しようとなんて思ってません。自分を理解《りかい》しようとしているだけです、おれの頭の中は、どうしてこんなにバラバラなんだって思うからね。で、少しずつでも理解《りかい》して整理すると、どんないいことがあるのかというと、余計《よけい》なエネルギーを使わずにすむようになるっていう、それだけのこと。でも、そうすると、自分と世界との関係《かんけい》がすっきりしてくるでしょ。そして、たえず、そういうことを続《つづ》けていると、生きやすくなる。

　キミの質問《しつもん》を考えるとね、そんなこと考えたって、ちっとも生きやすくならないんじゃないかと言いそうだね。でも、そういうことのありがたみが、キミにはまだわかってないってことなだけですよ。

「生きている人間がしゃべったり考えたりしているときに、その脳《のう》の動きを見ることはできるものなのですか」という質問《しつもん》ですが、ああ、いま、しゃべったり考えたりしているな、ってことはわかります。しゃべってるときに脳《のう》の特定《とくてい》の部分が働《はたら》いているし、考えてるとき、たとえば暗算しているときの脳《のう》の働《はたら》きがどうなってるかってことは、外から測定《そくてい》できます。ところが、その暗算が何掛《か》ける何だという、その中身はわかりません。捉《とら》えることができるのは、むずかしく言うと、脳機能《のうきのう》の「形式」なんです。「内容《ないよう》」じゃないということ

です。こころっていう内容《ないよう》がとらえられないということと同じです。

でも、この区別《くべつ》は、大抵《たいてい》の人、していないですね。

たとえば、子どもが親に似《に》るって例《れい》ですけどね、親父《おやじ》が自民党《じみんとう》で、息子《むすこ》が共産党《きょうさんとう》で、毎日親父《おやじ》と息子《むすこ》がケンカしてるうちとかがあるでしょう。それをふつうの人は、息子《むすこ》は共産党《きょうさんとう》で親父《おやじ》が自民党《じみんとう》だから、ぜんぜんちがうって思っちゃう。でも、それはまったく逆《ぎゃく》で、父親と息子《むすこ》はそっくりなんだ。どうしてかというと、政治問題《せいじもんだい》を家庭に持《も》ち込《こ》んで、ケンカも辞《じ》さないという、その性格《せいかく》がそっくりなんだ。だから、それは似《に》てるんですよ。中身で考えちゃいけない。そういうときは、かたちを見なきゃならないんです。

中身とかたち、つまり内容《ないよう》と形式。たとえばコンピュータと生命、かたちは同じにすることができる。でも、中身はちがうでしょう。

そもそも考えるということは、ものごとを整理することなんです。で、整理できたら楽になるんです、ぼくは。あんまり考えてない人は、もっと手前で整理することが負担《ふたん》になって、ものごとをゴチャゴチャのままで、楽なところで安定しているだけのことです。でもそれにいいとか悪いとか言ったってしかたない。

ぼくの場合《ばあい》は、以上《いじょう》です。

第5章

子どもの脳《のう》、どうしてキレやすいんですか？

ちかごろの子どもって、本当に切れやすいんですか？

ちかごろの子どもはすぐ切れると言われますが本当ですか？　わたしが行っている塾《じゅく》の先生は環境《かんきょう》や食べ物のせいや、昔とちがう「核家族《かくかぞく》」になったし、子どもの数も減《へ》ってきて、人間関係《にんげんかんけい》が変《か》わったせいで、人間が大きく変《か》わってきているんじゃないかとよく言っています。私《わたし》は人よりのろくて、あんまり、切れる、ということがわからないのですが、クラスに暴力《ぼうりょく》をふるう男子もいて少しこわいです。いつか切れるんじゃないかと心配です。気をつけておくことはなにかありますか。

奈々《なな》さん（14歳《さい》）中三・東京都《とうきょうと》

ちかごろの子どもはすぐ切れるというのは、前の章でもお話ししたとおり、ある程度《ていど》、本当ですね。ぼくは、それはやっぱり、生活環境《かんきょう》が変《か》わったことともおおいに関係《かんけい》してると思います。くり返しますが、手順《てじゅん》を追って、ひとつひとつキチンとやらなきゃならないことで、しかも毎日毎日やらなきゃならないことがどんどん減《へ》ってきたからね。そういうことをする必要《ひつよう》がなくなった、子どもも、おとなもね。

　切れるというのは、じつは前頭葉機能《ぜんとうようきのう》の低下《ていか》なんです。脳《のう》の入力と出力という話は、本の最初《さいしょ》にしたでしょう？　入力側《にゅうりょくがわ》から状況《じょうきょう》が入ってきて、前頭前野で折《お》れ返《かえ》るんです。つまり入ってきたのと出ていくのが、ちょうど折《お》れ返るのが前頭葉《ぜんとうよう》部分なんです。

　感覚《かんかく》から入ってきて、前頭葉で折《お》れ返《かえ》って、運動系《うんどうけい》に出ていく。これも言ったね、知ることと行うこと、そのちょうど折《お》れ返《かえ》り部分が前頭葉《ぜんとうよう》なんです。じつは昔から、意志《いし》というものはこの前頭葉《ぜんとうよう》という部分にある、と言われていますが、じつはこの、折《お》れ返《かえ》り部分を言っているんですね。で、当然《とうぜん》のことですけど、ここには、ブレーキが置《お》いてあるわけです。出る側《がわ》の、最《さい》

終《しゅう》ブレーキです。切れやすいということは、このブレーキが利《き》いてない、あるいは利《き》きが弱い。

そのことも客観的《きゃっかんてき》に証明《しょうめい》されてます。ロスアンジェルスで四十名ほどの、衝動殺《しょうどうさつ》人犯《じんはん》の脳《のう》ミソを調べた。全員の前頭葉機能《ぜんとうようきのう》が、ふつうの人より、はっきりと低下《ていか》しているという結果《けっか》が出ています。

衝動殺人《しょうどうさつじん》というのはね、カッとして人を殺《ころ》してしまう、それをやる人はふつうの人より前頭葉機能《ぜんとうようきのう》が低《ひく》い。逆《ぎゃく》にいうとあらかじめわかる。

衝動殺人《しょうどうさつじん》とまではいかないまでもね、それがあらかじめわかっていたら、本人も注意する。だから、努力《どりょく》・辛抱《しんぼう》・根性《こんじょう》がつくような仕事をおとながやらせるべきだと思うし、キミたちも少しは自覚《じかく》したほうがいいと思う。

切れやすいというのは、前頭葉機能《ぜんとうようきのう》の低下《ていか》だというのは、もうはっきりしているんですからね。

なぜそうなるか、たしかな理由はわかっていませんが、ぼくに言わせれば、やっ

努力・辛抱・根性

ぱり現代社会《げんだいしゃかい》の生活環境《せいかつかんきょう》、これが関係《かんけい》していると思いますよ。

で、こういうことをちゃんと調べようとしたら、じつは、ある年産《としう》まれの赤ん坊《あかぼう》の生活状況《せいかつじょうきょう》をキチンと記録《きろく》する。それで十年、十五年は続けないとね。で、いざというとき、その子が過去《かこ》にどういう生活をしてきたかを調べて、統計的《とうけいてき》な関連性《かんれんせい》をつかまえるしかない。何百人もの子どもを調べて、しかも、その関係《かんけい》が統計的《とうけいてき》に有意だということは、逆《ぎゃく》に言えば、非常《ひじょう》に関係《かんけい》が深いということになるわけですから。

そういう研究が足りなさすぎると思いますね。

そんな時間もコストもかけられないよってことなんでしょうけどね、なんとかしたほうがいいね。

人を殺《ころ》せるのはなぜか？

おなじ中学生とかで人を殺《ころ》したりできるのはなぜか。ブレーキをかけるような頭の働《はたら》きがこわれているとか、昔とちがってがまんすることができなくなったからだ、と親は言うが、ほんとうか。人間の研究をしている養老《ようろう》さんはどう思いますか。

大啓《だいすけ》くん（14歳）中二・山形県《やまがたけん》

前の質問《しつもん》と、少し重なってますね。

我慢《がまん》できなくなったのは、さっきも言ったように、本当です。それはお話ししたとおり、我慢《がまん》しなくてもすむような生活状況《せいかつじょうきょう》に慣《な》れちゃってるから。

そのほうが楽だから。

でも、楽をすると、その分、自分に返ってくるものがある。あたりまえのことです。

ぼく、好《す》きな言葉があります。森政弘《もりまさひろ》さんというロボット工学が専門《せんもん》の東工大の先生が、「機械《きかい》を丈夫《じょうぶ》にすると人間が壊《こわ》れる」って名言を吐《は》いた。丈夫《じょうぶ》な機械《きかい》を使わせると人間は乱暴《らんぼう》に扱《あつか》う。壊《こわ》れないからね。それを彼《かれ》は「人間が壊《こわ》れる」と言った。

機械《きかい》を便利《べんり》にしたら、人間は怠《なま》け者《もの》になる。我慢《がまん》ができなくなる。それだけのことでしょう。キミだって、なんとなくそれに気がついているんじゃないか。でも、子どもを直すわけにいかない。社会のありかたのほうを変《か》えなきゃならない。おとなは真剣《しんけん》に考えるべきだと思います。

これは親やおとなに向けての話だけれど、子どもにタバコなんて吸《す》うなとか、そんなことを言う前にね、せめて義務教育《ぎむきょういく》のあいだくらいは、田舎《いなか》で育てるほうが正しい。

いまみたいな便利《べんり》なところに暮《く》らさせるべきじゃない。暮《く》らさせるんだったら、そこを考えて、別《べつ》のプログラムを考えなきゃいけない。どうすればいいか、ぼくは専門家《せんもんか》じゃないからわからないけど、そろそろ具体的《ぐたいてき》に真剣《しんけん》に考えないと、取り返しがつかなくなります。

ぼくがひとつ、参考《さんこう》になると思っているのが、ユダヤ人の子育てです。彼《かれ》らは、都会でしか、ほとんど住んでこなかった。それでも、かなりまっとうに育っているんです。しかもあれだけ迫害《はくがい》を受けてきたわけでしょう。とても真似《まね》はできないけど、参考《さんこう》にはなるんじゃないかと思っています。

犯罪《はんざい》を犯《おか》す人の脳《のう》って？

犯罪《はんざい》をおかす人の脳《のう》って、ふつうの人とどうちがうのですか。いろんな事件《じけん》が多くてこわいです。それからそういう脳《のう》を治《なお》すことはできるのでしょうか。

早紀《さき》さん（15歳《さい》）高一・新潟県《にいがたけん》

さっきも話したとおり、犯罪《はんざい》を犯《おか》す人の脳《のう》って、ふつうの人とちがうんですよ。ところが、それをウッカリ言うと、人権問題《じんけんもんだい》になってしまいますから、むずかしいところもあるんです。わかるでしょう？

衝動殺人《しょうどうさつじん》と連続殺人《れんぞくさつじん》の脳《のう》のことは、きわめてはっきりわかっています。でも、そういう脳《のう》だから、かならず殺人《さつじん》を犯《おか》すかというとね。これはちがう。学者が四十数例《れい》調べた衝動殺人犯《しょうどうさつじんはん》の中に、四例《れい》、連続殺人犯《れんぞくさつじんはん》もいた。その殺人犯《さつじんはん》は、前頭葉機能《ぜんとうようきのう》はふつうなんだけど、扁桃体機能《へんとうたいきのう》に問題があった。つまりブレーキはふつうだった。

扁桃体機能《へんとうたいきのう》というのは、社会活動に対するアクセルと考えていいと思います。善悪《ぜんあく》の判断《はんだん》、価値判断《かちはんだん》とかにかかわる部分の活性《かっせい》が高いんです。

つまり、ブレーキが踏《ふ》めない、つまり前頭葉機能《ぜんとうようきのう》がうまく機能《きのう》しないと、衝動殺人《しょうどうさつじん》になり、アクセルの踏《ふ》みすぎが連続殺人《れんぞくさつじん》、ということになる。連続殺人《れんぞくさつじん》の場合《ばあい》は、なかなか警察《けいさつ》につかまらないわけですから、判断力《はんだん》は正常《せいじょう》だったりします。ブレーキはふつう、だからなかなか警察《けいさつ》に捕《つか》まらない。

おもしろい学者がいます。殺人《さつじん》の研究をしたくって、ロンドンからロスアンジェルスにわざわざ引《ひ》っ越《こ》した。ロスのほうが殺人《さつじん》が多いからね。その学者は、本人が自分の脳《のう》を調べています。そしたら、その人の脳《のう》は前頭葉《ぜんとうよう》はふつうで、扁桃体活性《へんとうたいかっせい》が強いことがわかった。で、彼《かれ》は、連続殺人者《れんぞくさつじんしゃ》にならずに、殺人《さつじん》の研究者になったわけだ。

いずれにしても、アンタの脳《のう》は切れやすいよということは教えてやって、

足りない部分を補《おぎな》って訓練《くんれん》していけばいい。ふつうの社会生活の中で、切れちゃうようなことになったら困《こま》るからね、単純《たんじゅん》な理由です。

それに、なにか重大犯罪《じゅうだいはんざい》が起きたとき。じつは、精神鑑定《せいしんかんてい》なんかするよりも、脳《のう》をちゃんと調べたほうがいい、とぼくは常々《つねづね》思っています。重大犯罪《じゅうだいはんざい》の加害者《かがいしゃ》は、脳《のう》を公的《こうてき》に調べることを、ちゃんと許可《きょか》すべきだと思う。それは、司法判断《しほうはんだん》と関係《かんけい》なしに、まず、きちんとやらなくてはならないんです。あとで参考《さんこう》になるはずですから。犯罪《はんざい》を問題にするわりには、こういう基本的《きほんてき》なことがなされていないのは、すごく問題だと思っています。

それからね、そういう脳《のう》については、治《なお》すことができるかどうか、ってことじゃなくて、何度も言ってる、中身、つまり内容と、かたち、つまり形式の問題でしょう。たとえば穴《あな》が開いているコップなら、こぼれないものを入れればいい、と考えるのが正しいんです。

ゲーム、やめられません。

うちの両親はゲームに大反対で「ゲーム脳《のう》になってバカになるからやるな」とばかり言います。家ではできないので、弱そうなやつの家に行ってやっています。自分でも不思議《ふしぎ》ですが、やめられません。なぜなのでしょうか？　ずっとやってると、本当によくないんでしょうか？

潤也《じゅんや》くん（15歳《さい》）中三・東京都《とうきょうと》

弱そうなやつの家でやるって、ひどいことするねえ（笑）……

ところでゲームって、ボタンを押《お》すと、何かが起きる。でも、ボタンを押《お》すことと、その出来事《できごと》が起こるということに因果関係《いんがかんけい》がないわけです。少なくとも、やっている人間にはわからないでしょ？

これ、いまの生活環境《せいかつかんきょう》と、いまの社会と、同じです。

キミたちは、そういう世界で生まれ育ってるんだし、これからますますそういう社会に入っていかなきゃならない。ボタンひとつでドアも開く、風呂《ふろ》が沸《わ》く、ご飯《はん》が炊《た》ける。生活の周《まわ》り、ほとんどボタンでできるでしょ。それにアメリカの大統領《だいとうりょう》なら、核兵器《かくへいき》を発射《はっしゃ》するのもボタン。そうすると、みんなボタン。そういう世界にこれから入っていかなきゃならないキミたちが、ボタンを押《お》したら、何かが起きるというゲームに一所懸命《いっしょけんめい》になるのは、あたりまえかもしれない。

親に言いますけど、子どもにしてみりゃ、将来《しょうらい》、自分が入っていく世界への予備《よび》訓練《くんれん》してるんでしょ。だから、ゲームが生まれたのは、一種《しゅ》の必然《ひつぜん》なんです。つまり、われわれの社会そのものが、ゲームみたいになってるわけですからね。

社会自体がゲームになっちゃってるんだから、子どもがゲームに夢中《むちゅう》になるのもあたりまえ。だから、どうしようもないと言うしかない。

田んぼで働《はたら》いたら、努力《どりょく》、辛抱《しんぼう》が身につくのとちょうど逆《ぎゃく》ですよ。で、子どもたちがずーっとやり続《つづ》けたりしちゃうのは、ゲームは、その中だけで、報酬《ほうしゅう》が得《え》られるからです。しかもその仕組みが、うんと短絡的《たんらくてき》です。

だから一種《しゅ》の中毒《ちゅうどく》になるんですよ。本来、世界ってものは、自然《しぜん》との関係《かんけい》も含《ふく》めて、とても複雑《ふくざつ》で、思うようになりゃしないもんです。ある問題に対処《たいしょ》するのに、ほかにいろんなことをしなきゃならないわけです。ところが、ゲームというのは、そういう複雑《ふくざつ》な状況《じょうきょう》を切っている。にもかかわらず、報酬《ほうしゅう》が得《え》られる。だから、自慰的《じいてき》になる。猿《さる》にオナニー教えると死ぬまでやってるって話があるでしょ。それに近いですよ。

せいぜい、からだ全体を使って遊ぶ、とか、働《はたら》く、とか、からだを含《ふく》めた「自然《しぜん》」と、ある程度《ていど》付《つ》き合《あ》うようにもすることでしょうね。

キミが、まともに育ちたいのならね。

メールは、ゲームは、なぜいけないんですか？

前から投稿《とうこう》しようと思っていたのですが、このあいだの事件《じけん》（インターネットのホームページ上のチャットでの感情的《かんじょうてき》なトラブルから、同級生を殺害《さつがい》した小学校女子生徒《せいと》の起こした殺人事件《さつじんじけん》を指す）のことがあって、すごく気になって思い切って書きます（名前は出さないでください）。あれから「メールやホームページとか、パソコンであれこれ書かないように」と先生に言われています。ゲームやメールが頭を狂《くる》わせたり、かっと切れやすいところをつくるとか、学校の先生をしているいとこのお父さんからも聞いたことがあります。私《わたし》は関係《かんけい》ないんじゃないかと思います。友達《ともだち》もおんなじようです。おとなはすぐメールとかが悪いとか言いますが、なぜそういうこととすぐ結《むす》びつけるのでしょうか。そういうコミュニケーションがなくなったら困《こま》ることをわかってほしいと思うのですが。

美樹《みき》さん（15歳《さい》）中三・奈良県《ならけん》

メールとかゲームとか、そういうことが原因《げんいん》で、事件《じけん》が起きたのではないですよ。しかし、現代生活《げんだいせいかつ》そのものが都会化したことと、やはり大きく関連《かんれん》した事件《じけん》でしょう。

ゲームについては、さっき話しました。

それ以外《いがい》にも、たとえば、個性《こせい》がだいじ、個性《こせい》がだいじ、って言われ続《つづ》けたために、自分の個性《こせい》は変《か》わらないという前提《ぜんてい》でしかものを考えられなくなったということ。つまり、ここでは、それぞれの人間が永遠《えいえん》に変《か》わらない、という意味での「情《じょう》報《ほう》」に変《か》わってるわけですよ。だから、逆《ぎゃく》に言えば、人間が情報《じょうほう》に変《か》わった社会では、情報《じょうほう》がもっとも重要《じゅうよう》になるということ。

しかも、いまは人との付《つ》き合《あ》いっていうのは、情報《じょうほう》の伝達《でんたつ》っていうことになっているでしょ。人と人の付《つ》き合《あ》いが、携帯《けいたい》とかメールの付《つ》き合《あ》いになっているんですよね。そして、そのほうが、情報《じょうほう》ですから、処理《しょり》しやすい。人間というのは、本当はとても処理《しょり》しにくいものなんだけど、情報《じょうほう》に

しちゃうと処理《しょり》しやすい、ということも関係あるでしょうね。
話を変《か》えるけど、入学試験《にゅうがくしけん》というのも、人間を情報《じょうほう》に変《か》えちゃった典型的《てんけいてき》なものの一つでしょう。点の高いほうができる、しかも勝ちだって、点数に変《か》えて判断《はんだん》したら、処理《しょり》しやすいでしょう。東大の試験《しけん》でも、定員いっぱいになる得点《とくてん》のところで合否《ごうひ》を決める。どこで線引きをするかって、それだけが根拠《こんきょ》なわけです。ところが、その試験《しけん》を止《や》めちゃったら、こん

どはそんなの不公平《ふこうへい》だ、という人もいる。数字になると、はっきり多いとか少ないとかいえるんだけど、その数字で決める公平さは、よく考えれば、本当はきわめて不公平《ふこうへい》なのにね。

パソコンとか、携帯《けいたい》とか、メールとかを禁止《きんし》して、いまの状況《じょうきょう》がよくなると考える人がいるんなら、それは、とんでもないまちがいです。

からだを使って働《はたら》け。そういうことです。

陰湿《いんしつ》ないじめ、原因《げんいん》はなんでしょうか？

図書館にはいじめられていて隠《かく》れ家《が》のようにして来《く》る子がいます。話を聞くと、なんだかずいぶん昔より陰湿《いんしつ》な方法《ほうほう》のように思うのです。養老《ようろう》先生は教育的《きょういくてき》なご発言が多いのでお聞きしたいのですが、なにが原因《げんいん》だと思われますか。いじめる子、いじめられる子には、なにか共通《きょうつう》の性格《せいかく》や家庭環境《かていかんきょう》があるのでしょうか。また時代によって人間の考え方ってそんなに大きく変《か》わるものなのでしょうか。

……中学校図書館司書《ししょ》（40歳《さい》）女性《じょせい》・埼玉県《さいたまけん》

いちばん問題なのは、われわれの世界がひたすら人間関係《にんげんかんけい》中心になって、逃《に》げ場《ば》が消えちゃったということでしょうね。

昔の軍隊《ぐんたい》のいじめは有名ですよね。旧《きゅう》ソ連軍《れんぐん》でも、軍隊《ぐんたい》の中のいじめで、大勢《おおぜい》の自《じ》殺《さつ》者が出ていた。

閉鎖《へいさ》された人間関係《にんげんかんけい》だけしかない状況《じょうきょう》だと、やはり、いろんな問題が起きる。うまくやってくために、みせしめをつくっていじめるというのは、どんな集団《しゅうだん》でも起きる。日本の場合《ばあい》、いちばん典型的《てんけいてき》にこの問題が起こったのは、捕虜収容所《ほりょしゅうようじょ》でした。

いまの社会は、それに近い。人間中心の状況《じょうきょう》だけしかない、逃《に》げ場《ば》のない世界になっているんじゃないですか。

昔のぼくの逃《に》げ場《ば》と言ったら、魚釣《つ》ったり泳いだりできる、川。そういう場所があるって、だいじなんですよ。

現代社会《げんだいしゃかい》は、非常《ひじょう》にだいじなものを消しちゃってるね。図書館に逃《に》げ込《こ》むというより、山に逃《に》げ込《こ》んだり、田んぼに逃《に》げ込《こ》んだりしてたんですよね、ぼくたちの時代は……。それがないんだよね。いまは。

図書館も人間の世界ですからね。人間が考えたこと、書いたことで充満《じゅうまん》

[redacted]

してるからね。子どもは、半分は自然《しぜん》ですからね。それをおとなが確保《かくほ》してやらなきゃ。

子どもの世界を、まるで人工保《ほ》育器《いくき》のようなものに変《か》えちゃった、おとなの責任《せきにん》ですよ。花鳥風月《かちょうふうげつ》を根こそぎどっかにやっちゃった。それがいいもんなんだ、っていう信仰《しんこう》でね。

以前《いぜん》、『14歳《さい》の手記』って、いじめで苦しんだ子の本を読んでたら、その本には、兄貴《あにき》がどう言った、先生がどう言った、友達《ともだち》がどう言ったということだけが、ずーっと書いてあって、その日は天気が

よかったとか、風が吹《ふ》いたとか、そういうことは、一言も書いてなかった。その印《いん》象《しょう》は、人間ばかり。花鳥風月《かちょうふうげつ》なんてみじんもありませんでした。

そういう人間関係《にんげんかんけい》だけの世界しかないと思っている人たちが、おたがいにいじめで身を滅《ほろ》ぼしていくのってあたりまえで、もうオレの知ったこっちゃないって、言いたくなるね。

いまでも過疎地《かそち》にいけば、自然《しぜん》が残《のこ》っているでしょう。そんなところじゃ暮《く》らせないってことは、楽がしたいということでしょう。楽ばかりをしたら、人間滅《ほろ》びるということが、わかっていない。

いじめられる子には共通《きょうつう》の性格《せいかく》があるのでしょうかと。そんなの、相対的《そうたいてき》なものですよ。かならず、相対的《そうたいてき》。だから、いじめている子は、いつかいじめられる側《がわ》にまわらなきゃならなくなるか、わからない、って気づいているんでしょ。そんなこと、どうしてわからないんだろう。

最近《さいきん》の子どもは、何がちがうんでしょうか？

ご本、いくつか読ませていただいています。先生のご専門《せんもん》じゃないかもしれませんが、最近《さいきん》の生徒《せいと》（小学生、中学生）は、私《わたし》たちのそのころとだいぶちがうように思われます。情報量《じょうほうりょう》が圧倒《あっとう》的《てき》に多いせいだと思いますが、先生は何が一番問題だと思われますか。養老《ようろう》先生のご意見を聞かせていただければ幸いです。

中学教員（38歳《さい》）男性《だんせい》・愛媛県《えひめけん》

子どもの、いろんな問題をゲームのせいにする、携帯《けいたい》のせいにする、情報量《じょうほうりょう》のせいにする……。そういう、何かあればすぐ何かのせいにする、っていう考えは、あすれば（すぐに）こうなる、という現代《げんだい》の考えに、おとながいかに毒《どく》されているかということだと思います。だいたい、そういうものを作ってるのは、おとなじゃないですか。

そうじゃないんです。そういう発想でかたづく問題しかかたづけてこなかったので、かたづかない問題が、みんな積《つ》み残《のこ》しになっているということです。

人間の性質《せいしつ》というのは、どうしたらどうなるか、非常《ひじょう》にわかりにくいものでしょう。ご質問《しつもん》のような問題に正確《せいかく》に答えようと思えば、それこそ、くり返しになるけど、百人なら百人、千人なら千人の子どもを、二十歳《さい》くらいになるまで、ずーっと記録《きろく》にとって、過去《かこ》においてどういうことをしてきたか、現在《げんざい》どうか、その相関《そうかん》を統計的《とうけいてき》に調べてから、ということになるでしょう。

でも、そんなことは、昔の人が稲《いね》を育てるときに、当然《とうぜん》のこととしてやってきたことですよ。自然《しぜん》っていう、簡単《かんたん》に手なずけられないものを相手に、からだの中に蓄積《ちくせき》された経験《けいけん》でなんとかしてきた。だって、誰《だれ》かから、

こういうふうにすれば単純《たんじゅん》にうまくいくとかいわれて、ただただそのとおりにして、もしもうまくいかなかったら、秋になって、飯《めし》が食えない。だから必死《ひっし》ですよ。要《よう》するに、そうならないためには、毎日毎日見てなきゃならないし、ちょっとでもマズイなと思ったら、なんらかの手を打たなきゃならない……、それをしょっちゅうしていたわけで、それを手入れって、言ったんですよ。前にお話ししてますが、子どもだって、本来、自然《しぜん》ですからね。

ともかく、そういうことをやっているとと自然《しぜん》についてくるのが、結果的《けっかてき》に努力《どりょく》、辛抱《しんぼう》、根性《こんじょう》なんです。頭で、努力《どりょく》、辛抱《しんぼう》、根性《こんじょう》を考えたって、どうにもならない。子どもは、おとなのやってきたことに、直接的《ちょくせつてき》に影響《えいきょう》を大きく受けてるんですよ。おとなの作った社会で生きているんですから。

社会を、そういう社会にしちゃったんですよ。それでいっぽうで、好《す》きな道を選《えら》びなさいとか、無責任《むせきにん》なことすら言っているわけじゃないですか。

第6章

死《し》体《たい》って、こわくないんですか？

解剖《かいぼう》は、気持ちわるくないんですか？

養老《ようろう》先生は、死んだ人をかいぼうするのがしごとだったんですよね。死んだ人をかいぼうするのはこわかったり、きもちわるかったりしませんでしたか。

緑さん（11歳《さい》）小五・群馬県《ぐんまけん》

解剖《かいぼう》というのは、最初《さいしょ》はそりゃ、緊張《きんちょう》しますよ。キミもそうだけど、子どもが気持ちわるいとか、怖《こわ》いとか思うのは、まあ当然《とうぜん》だとは思います。

でも、やはり人間には慣《な》れというものがあってね。慣《な》れるとべつに、こわいということはない。でも、気持ちがゼロになるということじゃないですよ。なにか、どこか異質《いしつ》な感じがするということは、完全《かんぜん》には消えませんよ。社会的《しゃかいてき》なことと本能《ほんのう》的《てき》なことと両方が関係《かんけい》しているんだろうけどね。まあ、そういうものをとりあえずなくすのにいちばんいいのは、職業的《しょくぎょうてき》に扱《あつか》うということですね。つまり、白衣《はくい》を着るということも、そのための一種《しゅ》の儀式《ぎしき》です。そうやって建前《たてまえ》として別《べつ》の世界に入っていくことにすれば、あまり気にならなくはなるものです。

気持ちがわるいというのは、明らかに頭の中の問題ですからね、慣《な》らすことができますね。だいたい、どれくらいで慣《な》れるかというと、ぼくの場合《ばあい》、十年かかりました。

ところで、死んだ人って、いったい何か、ということがありますね。

子どもでも学生でもそうだけど、生きてる人と死んだ人のちがいは？と聞くと、まず、動くか動かないかです、と答えます。でも、死んでなくてもからだが動かない人はいっぱいいるんでね、動かない、動けないから

死んでいるとは限《かぎ》らない。それに、本当にまだ息しているか、息してないかも、じつははっきりわからない。とくに細胞単位《さいぼうたんい》で考えると、いつ死んだかなんて、わかりゃしないんです。

脳死問題《のうしもんだい》だって、生きてるのか、死んでるのか、それの基準《きじゅん》をどうするかでもめてるってことでしょう。

前にも書いたことがあるけれど、われわれが、人間はどこかの時点ではっきりと死ぬ、と思っているのは、じつは法律《ほうりつ》で決められてるからですね。死亡時刻《しぼうじこく》ってあるけど、死亡時刻《しぼうじこく》はじつは正確《せいかく》じゃないんです。時間というのは無限《むげん》に細分できますからね。いつ死んだかっていう、本当に正確《せいかく》な時点なんて、ありませんよ。

臓器《ぞうき》によって、死ぬ時刻《じこく》もちがいますからね。早く死ぬのは、心臓《しんぞう》とか脳《のう》とか、どうしても酸素《さんそ》のいるところで、ほかの部分は、そんなことないですよ。腎臓《じんぞう》なんかは一時間ぐらい血液《けつえき》がいかなくても、ビクともしません。腕《うで》なんかは、いっとき血液《けつえき》がいかなくなっても、当分もちますわね。で、人によったら太い血管《けっかん》詰まっちやったとしても、そのあとだんだん血行が回復《かいふく》してきて生《い》き延《の》びたりします。

でも、とくに日本の場合《ばあい》は、生きてる人と死んだ人の境目《さかいめ》を非常《ひじょう》に重要視《じゅうようし》して、死んだら最後《さいご》、別《べつ》のものと考える、そういう文化ですね。

そして、死ぬというのは、つまりは「世間《せけん》」の人、じゃなくなる、ということを意味しています。

そもそも漢字では、犬とか猫《ねこ》とか猿《さる》とか馬《うま》とか鹿《しか》とか、全部そうですけど、一文字あれば、生き物が、動物が表せるんですよ。人だってそうです。だから本来、人を表すためには「人」の一字でいいんだけど、「人間」って言うでしょう。これは、中国語ではすなわち、「世間」のことなんですよ。だからね、じつは世間の人でないと、人間でないという裏《うら》があるんです。

つまり、「世間の人でない」のは、たとえば、まだ生まれてない子ども。生まれてなくても、お母さんのお腹《なか》の中にいるわけですが、それは人間で

ない、という非常《ひじょう》にはっきりしたルールがあります。だから中絶《ちゅうぜつ》は、日本ではほかの国より倫理《りんり》問題《もんだい》になりにくいんです。母親の一部ではあるけれども、まだわれわれの仲間《なかま》じゃないということだから。それから、もっときびしいのは生まれてきた瞬間《しゅんかん》に、五体満足《ごたいまんぞく》じゃないと、世間という枠《わく》にはなかなか入れないという暗黙《あんもく》のルール。見た目がちがったらむずかしい、ということもそうです。それからもちろん、死んだ人、ですよ。

でも意外とみんな、それを意識《いしき》してないし、わかっていても言わない。しかし、もしぼくが外国人で、この世界に住むとしたら、とっても気になると思いますよ。そもそも「世間」というものの「外」にいるから「外人」って言うんだもの。むずかしく言うと共同体《きょうどうたい》ね、共同体《きょうどうたい》の暗黙《あんもく》のルールというのがあって、それが日本の場《ば》合《あい》、「世間」なんです。

で、世間というのはクラブですから、入ってきて出ていく。入ってくるのが生まれたときで、出ていくのが死んだときです。

だから、死んだら最後《さいご》、人じゃないし、生まれる前も、人じゃない。こんなはっきりした話はない。これが日本社会のルールです。

それに日本じゃ、死んだ人を、物理的《ぶつりてき》にもズバッと排除《はいじょ》するでしょう？　火葬《かそう》しますからね。火葬《かそう》したほうが、思いが切れる。残《のこ》しといたら、本人が残《のこ》っているという感覚《かんかく》が、どうしても残《のこ》ってしまう。そうすると、世間のルールにひっかかってくるわけです。お墓《はか》の中には、まだ本人がいるなあと思うと、連続《れんぞく》しちゃうんだ。だから、どちらかと言うと、強制的《きょうせいてき》に火葬《かそう》する。世界では珍《めずら》しいことです。でも、きれいにかたづけてしまう、っていうのは、どこか生まれかわりを信《しん》じている、ってことでもあるんですけどね。

ともかく、生きてる人間だけが世間や世界を作っているんだ、と。死んだ人間は、あくまでもしゃべらないわけだし。そうすると、そいつらは適《てき》当《とう》にやったっていいというのがあるんでしょうね。べつにぼく、死んだ人の代弁《だいべん》してるわけじゃないんですけどね。

だからね、死んだ人が気持ちわるいとか、解剖《かいぼう》するの怖《こわ》いんじゃないか、とかね、こういう質問自体《しつもんじたい》が、そう単純《たんじゅん》なものじゃない、ってことなんです。暗黙《あんもく》のルールをなんとなく感じてね、早く目の前の死体を排除《はいじょ》しないと不安《ふあん》だ、っていう気にさせられているのかもしれないし、いずれにしても、そこに人間の社会が作っている、さまざまな問題が凝縮《ぎょうしゅく》されてるからです。

それをわるいとかいいとか言ってもしようがないと思っている。ただ、怖《こわ》かったり気持ちわるかったりするのが、当然《とうぜん》だとは思わないでほしい。そこには何か文化《ぶんか》的《てき》な問題がある、それくらいのことは考えておいてほしいですよ。

まあぼくは、「死んだ人」というものを特別《とくべつ》なものとして考えるのは、やっぱりなにかオカシイと思いますよ。

それにね、たぶんキミ、死体をじっさいに見たことがあんまりないんじゃないかな。頭でイメージしてる死体より、ほんものの死体のほうが、意外とあっさりしてたりするものですよ。

まあ、答えになっていないかもしれないけどね、ちょっと考えてみてください。

解剖《かいぼう》すると、家族に怒《おこ》られませんか？

死んだ人をかいぼうするのはこわいと思ったことはありませんでしたか。人は死んでいるとぜんぜん動かないのか。それにじぶんから仕事を選《えら》んだのか？　かいぼうしていると家族の人とかにおこられたりしないのか、なんのためにかいぼうするのか。考えるといろいろこわいのですがきょうみがあるので教えてください。

真歌《しんか》くん（11歳《さい》）小五・千葉県《ちばけん》

まあそりゃ、死んだ人が動いたら、ぼくだって逃《に》げますよ。動いたらたいへんだよ。

昔ね、一生懸命《いっしょうけんめい》、脇《わき》のあたりの解剖《かいぼう》をしててね、フッと気づいたら、自分の後ろから手で叩《たた》いてくるやつがいる。で、振《ふ》り返《かえ》ったら、自分が解剖《かいぼう》しながら持ち上げていた手だったんだ。そりゃこのときは、ビックリしましたよ。

家族に怒《おこ》られたりしないかって？　それが仕事だもの。もしもキミが解剖《かいぼう》してたら、怒《おこ》られるでしょ。

解剖《かいぼう》とはちょっとちがうけど、有名な話があってね。河鍋暁斎《かわなべきょうさい》って、江戸《えど》から明治時代《じだい》の絵師《えし》が、川に流れてきた生首《なまくび》を拾ってきて、それを絵に描《か》いてた。写生してたのね。そうしたら親父《おやじ》に怒《おこ》られたから、いったん捨《す》てた。でもまた、しばらくして拾ってきて描《か》いてたんだって。昔の人は、わりあい、そういうこと、平気だったんです。

自分から仕事を選《えら》んだのかという質問《しつもん》に対する答えですけど、仕事を選《えら》ぶというのはね、自分の希望《きぼう》とまわりの状況《じょうきょう》と、半々で選《えら》ぶもんなんじゃないでしょうかね。

残酷《ざんこく》だと思わないんですか？

養老《ようろう》先生は、人間を解剖《かいぼう》されていたんですよね。私《わたし》は父を亡《な》くしたとき、解剖《かいぼう》させてほしいと言われて、すごく腹《はら》が立ちました。母もすごく悲しみました、仕事とはいえ、養老《ようろう》先生はじぶんが残酷《ざんこく》だと思ったことはないのでしょうか。また、学生や生徒《せいと》にはそういうことをどう教えているのですか。いやがる生徒《せいと》とかはいないのですか。失礼《しつれい》かもしれませんが、いまだに腹《はら》がたつんです。教えてください。

恵美里《えみり》さん（16歳《さい》）高一・神奈川県《かながわけん》

ぼくはよく、一人称《いちにんしょう》、二人称《ににんしょう》、三人称《さんにんしょう》の死という話をします。まず、一人称《いちにんしょう》の死体って、自分の死体のことですね。でも、一人称《いちにんしょう》の死体って、じつはないんですね。解剖《かいぼう》しようと思うと、もう当の本人がいなくなっている、ってことですから。で、三人称《さんにんしょう》の死体というのは、ふつう一般《いっぱん》に「死体」と考えられているもののこと。二人称《ににんしょう》の死体というのが、父親とかね、非常《ひじょう》に親しい人の死体。これが、すでに死体であるにもかかわらず、まだ死んでない、ということがほとんどだと思います。それが本人だ、とわかるかぎりは死んでいない。それと、太平洋戦争《せんそう》の戦友《せんゆう》の遺骨《いこつ》とかもそうです。他人ではありますけどね、いまだに拾いにいくんですよ。

これはね、そもそも戦友《せんゆう》というのは、寝食《しんしょく》をともにして、生死をともにして……ある意味で、身内以上《みうちいじょう》の関係《かんけい》です。それなのにいまだ熱帯《ねったい》のジャングルに骨《ほね》が落ちたままなのか、と思うと、ってことです。なんとなくはわかるでしょ？　こういう場合《ばあい》、まだ本人がそこ、ジャングルにいる、っという感じなんですよ。ほかの動物でも同じで、猿《さる》でも、死んだ子どもをずーっと抱《だ》いたりしているんです。それは死んだという納得《なっとく》がいかない、ということです。完全《かんぜん》な他人から見たら、もう死体になってしまっている。でも、家族や関係《かんけい》者にとってはそうじゃない。だから死体として扱《あつか》われると、腹《はら》を立ててしまう。よくわかりますよ。でもね、腹《はら》が立つから自分が正しい、というわけでもないでしょう。

それは、立場《たちば》によって、見方がちがってくるということなんです。それと、腹《はら》が立つという気持ちの裏《うら》にはね、解剖《かいぼう》なんてことが行われていて、こちらはすごく悲しいのに、なんだか解剖《かいぼう》するほうが正しい、あるいはなんかそれが科学的《てき》な態度《たいど》なんだ、とか思われているんじゃないかと感じて、それに腹《はら》が立つという気持ちもあると思います。

だからね、私《わたし》は解剖《かいぼう》、いやなんです、やめてくださいと軽く言えば、すんじゃうことでもあるんですよ。もちろん、こちらも事前に、遺族《いぞく》の承諾《しょうだく》を取るわけですね。要《よう》するに、この質問《しつもん》の場合《ばあい》、解剖《かいぼう》させてほしいと言ったほうの説明不足《せつめいぶそく》もあると思います。

それから、解剖《かいぼう》するのは残酷《ざんこく》だという考えかたね。だいたい医学部の学生は、入ったばかりで解剖《かいぼう》をさせられる、ああいうことをやらせるから、医者は残酷《ざんこく》になって、臓器移植《ぞうきいしょく》みたいなこと考えるんだって書いた人もある。しかも、その話の中にアウシュビッツまで出てくるんだ。残酷《ざんこく》だと言うのは、人の感覚《かんかく》の問題で、しかも、文化的《ぶんかてき》な感覚《かんかく》の問題もありますから、こんないいかげんな話、すごく困《こま》るんだ。「鬼手仏心《きしゅぶつしん》」という言葉があるけれど、まあ、外科《げか》手術《しゅじゅつ》なんて、患者《かんじゃ》のからだを切り開いて、まるで鬼《おに》のように惨酷《ざんこく》に見えるけれど、患者《かんじゃ》をなんとしてでも救《すく》いたいという、仏《ほとけ》のような慈悲心《じひしん》に基《もと》づいているということだってあるわけです。そういうこと、死んでもわからないんじゃないでしょうかね。

　それから、解剖《かいぼう》を断《ことわ》られるケースというのは、単純《たんじゅん》に、死ぬまでに見てもらっていた、医者と患者《かんじゃ》との関係《かんけい》がわるかったということもよくあります。おたがいに信《しん》頼感《らいかん》がない。それは近代医療《きんだいいりょう》では非常《ひじょう》によく起こるんです。

　話は飛《と》びますけど、解剖《かいぼう》の歴史《れきし》を調べれば、江戸時代《えどじだい》までは、刑死《けいし》した死体だけを解剖《かいぼう》していました。でも、これはこれでまた、問題が起きていたんです。

それは、死刑囚《しけいしゅう》は刑《けい》に服することで、罪《つみ》の償《つぐな》いをしているわけだから、それをさらに解剖《かいぼう》するのは、いかがなものかという意見。ともかく、世の中変《か》わったから、解剖《かいぼう》が始まったわけではない。それから、いつもなにかしらの意味を唱《とな》える人と、問題を唱《とな》える人とが、両方いたわけです。昔っから、両論併記《りょうろんへいき》なんですよ、人間社会は。

人間とは、そういうものだという、それを、まず、認《みと》めなきゃ、話は始まらない。だから、いくら戦争《せんそう》やめろっていってもやめないのは、人間が、そういう部分を持ってるってことですよ。で、じゃああきらめるのかっていうんだけど、そうじゃないんだよね。だって、戦争《せんそう》しない時代がなかったかといえば、日本は、徳川《とくがわ》三百年戦争《せんそう》しなかったわけだからね。でも、外部条件《がいぶじょうけん》が変《か》わったら、とたんに始めるわけですよ。

こういうことをちゃんと考えるのは、むずかしいんだけど、目の前に起こったことだけを梃子《てこ》にしてすべてを考えるというのは、とても危《あぶ》ないことだと思っています。

ぼくは、この質問《しつもん》で思い出したのは、新興宗教《しんこうしゅうきょう》がらみの事件《じけん》で、お父さんが生き返ると信《しん》じて、奥《おく》さんと息子《むすこ》が成田《なりた》のホテルに、死んだお父さんをずっと置《お》いておいたら、とうとう臭《くさ》くなっちゃって、ついにバレた、というもの。もとの死因《しいん》は自《し》然死《ぜんし》だから、犯罪《はんざい》にはならないわけだ。

そして、発覚《はっかく》して一週間経《た》って、その死体を奥《おく》さんに下《さ》げ渡《わた》したんだけれど、その段階《だんかい》で、息子《むすこ》さんのほうはなんとまだ、父親が生き返ると思っているの。

それで、何を考えたかと言うと、家族、身内ってなんだろう、ということ。

極端《きょくたん》な話かと思うかもしれませんが、人間、ある種《しゅ》の寛容性《かんようせい》がないと、社会的《しゃかいてき》に扱《あつか》いにくいと思われる人間になってしまう場合《ばあい》があるってことです。

それからね、たとえば、こんどの津波《つなみ》みたいなことがある。現地《げんち》には死

んだ人が、ゴロゴロいる、というような状況《じょうきょう》を見れば、世界は残酷《ざんこく》だって感じるだろう。でも、世界は残酷《ざんこく》だ、ということに、感情的《かんじょうてき》に反応《はんのう》してみてもムダなんだ、ってこともわかるはずです。じゃ、どうしたら、そういうことをとめることができるかという話になるけど、そうなったときに、戦争《せんそう》もまったく同じだけど、そのことについてよく知ってないと、じつはそれをとめることなんてできないということがわかる。

残酷《ざんこく》だっていう感情《かんじょう》でとまってしまうと、はいそれまで、ということなんです。だから、医者が解剖《かいぼう》を始めたんだ。からだのこと知らないで、医者ができるかって……。そういう良心的《りょうしんてき》な医者の考えかたって、あるんです。

ものすごくきびしく言うと、肉親の死というような局面で感情的《かんじょうてき》に振《ふ》る舞《ま》うということは、感情的《かんじょうてき》にはあたりまえであると同時に、解剖《かいぼう》に関《かん》する自分の無知《むち》を正当化する手でもあるんです。

そこが人間が生きていくうえのむずかしいところでもあるし、戦争《せんそう》の原因《げんいん》になるようなことでもあるわけだ。むずかしいね。

トラウマが心配なんです。

震災《しんさい》などのトラウマってどんなかたちで現《あらわ》れるのですか。うちは姉が亡《な》くなっています。両親がけっこうショックが長く続《つづ》き心配なのですが。だいじょうぶなのでしょうか。トラウマってよくわからないのですが、親戚《しんせき》から聞きました。脳《のう》にどんなダメージがあるのか教えてください。

伸吾《しんご》くん（16歳《さい》）高二・兵庫県《ひょうごけん》

脳《のう》にどんなダメージがあるかというと、いちばん極端《きょくたん》な例《れい》だと「海馬《かいば》」という部分が萎縮《いしゅく》する。そうすると、脳自体《のうじたい》に影響《えいきょう》がくると言われています。あんまり極端《きょくたん》に感情《かんじょう》が動かされると、脳《のう》が疲《つか》れて壊《こわ》れるというかね。そういうことがあるのかもしれない。

トラウマ、心的外傷《しんてきがいしょう》というのは、非常《ひじょう》に強く残《のこ》りうるんですね。

それもまあ、当然《とうぜん》のことだけれど、極端《きょくたん》に言えばね、人生いろいろあって、しかたがない。それを乗《の》り越《こ》えていくのが、生き物なんです。起こってしまったことを、もとにもどすことはできないでしょう。これも、努力《どりょく》、辛抱《しんぼう》、根性《こんじょう》と同じでね、絶《た》えずある意味で訓練《くんれん》していかないと、強くならない。

いまの人はそういう意味では弱い。神戸《こうべ》の震災《しんさい》でも驚《おどろ》いたね、ぼく。どこで驚《おどろ》いたかと言うと、前も書いたことあるけど、戦争《せんそう》と震災《しんさい》と、神戸《こうべ》のあの地区は二回やられている。戦争《せんそう》でやられたうえに、こんどの震災《しんさい》でやられた人って、いるんですよ。その人たちにね、どっちが心の傷《きず》が大きいんだって質問《しつもん》をしたら、戦争《せんそう》のほうが楽だって言うんだ。なぜなら、戦争《せんそう》は心を整理するための相手があるからだ、と。東条《とうじょう》が悪いんだとか、アメリカが悪いんだとかね。ともかく、攻撃《こうげき》する相手、気持ちを整理するための相手があるけど、震災《しんさい》は、それがない。それでね、震《しん》災《さい》のほうが傷《きず》が大きいって言うんです。

まあ、言わんとすることはわかるんですけどね、でも、ぼく、それを聞いていて、自分の中の常識《じょうしき》を逆撫《さかな》でされたような気が非常《ひじょう》にしたんです。

なぜかって言うとね、日本は陸地面積《りくちめんせき》、世界の〇・二五パーセント。で、歴史上《れきしじょう》起こった大噴火《だいふんか》の一割《わり》、マグニチュード6以上《いじょう》の地震《じしん》の二割《にわり》が日本で起こっている。だからね、日本人はいままでに、徹底的《てっていてき》に被害《ひがい》を受けてきたはずなんです。

で、そのたびに、いろんなやりかたで乗《の》り越《こ》えてきたはずなんです。たとえば固《かた》まって暮《く》らす、とかいうことだったり、「水に流す」っていう言葉だったり……いろいろあると思いますけれどね。それがね、戦後《せんご》、非常《ひじょう》に壊《こわ》れてきていて、自然災《しぜんさい》害《がい》にものすごく弱くなっている。

そう、やっぱりぼくはね、日本人は自然災害《しぜんさいがい》に弱くなっていると思う。そもそも、自然《しぜん》に対して、気持ちが乱暴《らんぼう》になっているということがあると思います。自然《しぜん》って、人間の思うよう、都合のいいようには考えてくれませんからね。そういう感覚《かんかく》を、多くの日本人が忘《わす》れてます。

まあ、キミのお姉《ねえ》さん、ご両親、お気《き》の毒《どく》です。でもね、やっぱり、それを抱《かか》えて生きていくことが、おとなになるということなんだと言うしかないんです。

ぼくの親父《おやじ》は、ぼくが四歳《さい》のときに死んでいる。でも、ぼくの中で親父《おやじ》が本当に死ぬまでには四十年かかってますから。人が死ぬということは、それほど簡単《かんたん》なことじゃないです。でも、それでいいんですよ。トラウマ云々《うんぬん》、どうするか、というより、それを抱《かか》えて生きていくことが人生だ、ということです。

死を認《みと》めるということは、自分の気持ちから離《はな》れて、客観化《きゃっかんか》されていくこと。それは相手に対する不実《ふじつ》ですよ。忘《わす》れていくということだからね……。で、それはやりたくないという気持ちと、つらいからもう忘《わす》れたいという気持ちがせめぎあってるものなんです。

一回死んじゃったら、もうもとにもどらないんだから、帰ってくるわけないんだから、忘《わす》れなさいよというのは非常《ひじょう》にむずかしい。時を待つしかないんです。場合《ばあい》によっては、数十年、続《つづ》くこともある。でも、それがわるいかといったら、必《かなら》ずしもわるいことじゃないんです。

そういうふうに考えるといい。

人工生命は、生命なんですか？

先週、クラス討論《とうろん》があり、ＳＦ好《ず》きな男子が「電脳《でんのう》」のマンガの話をしたことがきっかけで人工生命やコンピューターの話になりました。そのときに考えてもわからなかったのが、「人工生命」って生命かということ。それとも人工だから本当の生命でないと考えるほうが正しいのでしょうか。人工生命にするとき、脳《のう》や心や感情《かんじょう》もうまく作れるのですか。それから男の子から世界でクローンが進んでいるという話を聞いてこわくなりました。本当はどこまで進んでいるのでしょうか。

裕美《ひろみ》さん（17歳《さい》）高二・富山県《とやまけん》

人工生命というのは、コンピュータの中で生命のような振《ふ》る舞《ま》いをするものをつくって、それを呼《よ》んだもののことです。

それを生命と認《みと》めるか、認《みと》めないかは、意見がわかれています。

もう少し詳《くわ》しくいうと、人工生命とは、コンピュータの画面上では、生き物のような振《ふ》る舞《ま》いをして、しかも、生き物のように進化していくんです、勝手にね。だからわれわれは、それを生き物だ、なんて思っちゃうんだけど、ちがいますね。

生き物とどこがちがうかというと、コンピュータの中で起きている現象《げんしょう》は、じつはキチンと記録《きろく》することをやれば、すべての画面を再現《さいげん》できるんです。勝手に動いているように見えるけど、それは全部、人間が作ることができるものなんです。そしてかならず、動きをくり返すことができる。

生き物の場合《ばあい》は、そうはいきません。つまり、かならず変化《へんか》していっちゃうでしょう？　それにね、生命というものを、われわれが頭の中で定義《ていぎ》したとたん、それはどうしても「情報《じょうほう》」に変《か》わっちゃうんです。むずかしいですか？　われわれが生き物と呼《よ》んでいるものは、情報《じょうほう》としては作れる。

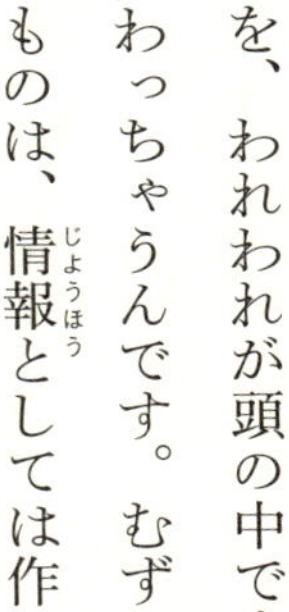

けれど、生命そのものは作れない、と、まあそういうことです。

一番のちがいはね、コンピュータはスイッチ切れますけど、生き物はそんなに勝手にスイッチを切ることはできません。

「脳《のう》や心や感情《かんじょう》をうまく作れるのか」という質問《しつもん》ですが、前のところでも話したとおり、いまのところ、うまくは作れません。

ご存《ぞん》じのとおり、クローンはできます。

死体は冷凍《れいとう》保存《ほぞん》できるんですか？

このあいだテレビで、死体を冷凍保存《れいとうほぞん》して、未来《みらい》で生き返らせる商売があるというのをやっていました。全身の冷凍《れいとう》が一番高いそうですが、生き返ったときは、前と同じ人格《じんかく》なのでしょうか。記憶《きおく》も冷凍《れいとう》できるのでしょうか。

均《ひとし》くん（15歳《さい》）中三・愛知県《あいちけん》

死体の冷凍保存《れいとうほぞん》はできません。なぜ冷凍保存《れいとうほぞん》できないかというと、冷《ひ》やすときに、どうしても表面から凍《こお》ります。そうすると、表面はすぐに凍《こお》るんだけど、中はゆっくり凍《こお》る。熱《ねつ》の伝導《でんどう》は、遅《おそ》いんでね。ゆっくり凍《こお》らせると、かならず氷ができます。氷ができるとまわりを壊《こわ》します。われわれ

が現在《げんざい》の技術《ぎじゅつ》で凍《こお》らせることができるのは、細胞《さいぼう》一個《こ》くらいなんです。細胞《さいぼう》一個《こ》を液体《えきたい》ヘリウムで冷《ひ》やした純銅《じゅんどう》のブロックに接触《せっしょく》させてやると、十ミクロンくらいは、ほとんど氷ができないで、きれいに凍《こお》ります。それは溶《と》かしたら、そのまんま、生きてます。細胞《さいぼう》一個《こ》くらいだと、こういうことができるので、細胞《さいぼう》の冷凍《れいとう》保存《ほぞん》はよくやります。だから卵《たまご》は保存《ほぞん》できるし、精子《せいし》は保存《ほぞん》できる。

だけど、人間の脳《のう》とか人間全体になると、冷《ひ》やしてるうちに内部に大きな氷ができ、かならず壊《こわ》れちゃいますから、冷《れい》

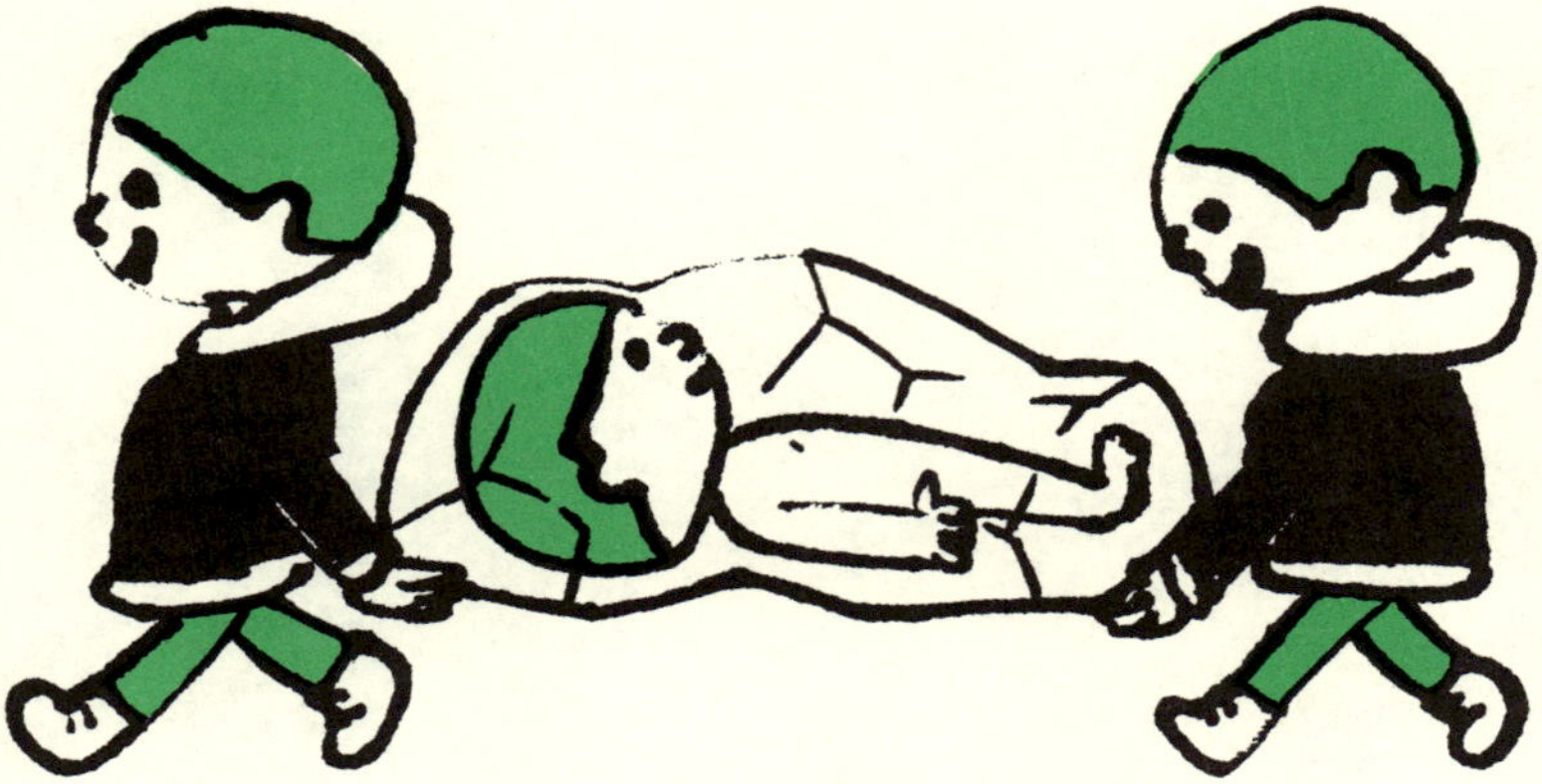

凍《とう》保《ほ》存《ぞん》はできません。

液体窒素《えきたいちっそ》みたいなものに、いきなり入れて冷《ひ》やすと、どうなるかわかりますか？

冷凍庫《れいとうこ》に入れたビール瓶現象《びんげんしょう》です。表面が先に凍《こお》ってカチンカチン、中はあとから氷になるから、膨張《ぼうちょう》してパリンと破裂《はれつ》して終わりです。

テレビでやってるのは商売でやってるんです。だまされちゃいけない。

人間の冷凍保《れいとうほ》存《ぞん》は、そんなにうまくいきません。

死んでも魂《たましい》は残《のこ》りますか？

人間って、死体になったときは、重さとかかわるんですか。死んでも魂《たましい》が残《のこ》るというのは本当でしょうか。

京花《きょうか》さん（13歳《さい》）中二・神奈川県《かながわけん》

まず、キリスト教、ユダヤ教、イスラム教では、霊魂《れいこん》は不滅《ふめつ》ですから、霊魂《れいこん》という観念《かんねん》が非常《ひじょう》に重要《じゅうよう》なんですね。で、どうして、霊魂《れいこん》の不滅《ふめつ》が重要《じゅうよう》なのかというと、最後《さいご》の審判《しんぱん》というのがあって、すべての死者が墓《はか》から蘇《よみがえ》って、神の前で裁《さば》きを受けるとされるわけです。それで、オマエは天国、オマエは地獄《じごく》、って振《ふ》り分《わ》けられる。霊魂《れいこん》が不滅《ふめつ》でないと、こんな世界は成《な》り立《た》たないんだ。死んだらそれっきりじゃ、そんな審判《しんぱん》されたって意味ないでしょう？　それから仏教《ぶっきょう》みたいに、生《う》まれ変《か》わる、っていうのもナシなんです。

これがあるからね、魂《たましい》に重さがあるのかとか、大《おお》まじめに考えたりする。

かつてご臨終《りんじゅう》の前後で、重さが変《か》わるかということを、じっさい調べた人がアメリカにいたんです。死にかけの患者《かんじゃ》さんに、微妙《びみょう》な差異《さい》まで重さを計れるベッドに寝《ね》てもらって、死亡前《しぼうぜん》・死亡後《しぼうご》を、調べたわけです。

そんなの、変《か》わるわけないじゃないですか。

でもね、ほんの微妙《びみょう》には変《か》わったというの。で、アメリカというのは、乾燥《かんそう》しているでしょ。だから、死んだあと、わずかに水分が蒸発《じょうはつ》して、それで少し軽くなるのかもしれない、と考えた。そこで、こんどはネズミをビンの中に入れて、空気に触《ふ》れさせないようにして調べた。そしたらぜんぜん変《か》わらなかったって……。ね、人間ってバカみたいなことしてるでしょ。

死んでも魂《たましい》は残《のこ》るでしょうかって、じつは世界の三分の二の人たちは、死んでも魂《たましい》が残《のこ》るという伝統《でんとう》を持った社会に住んでいる。一神教だね。

でも、日本は、なんでもありだからね。死んでも魂《たましい》が残《のこ》ると信《しん》じてる人

もいるし、死んだら死にっきりと思う人もいるし。

ぼくは「禅宗《ぜんしゅう》」が、いちばんよく、こういうことを考えていると思う。つまりね、みんな死ぬことばかり言うけどね、自分はどこから出てきたか、考えてみればいい。そうでしょう。あなた、生まれる前に、何もなかったでしょう。それを考えたら、最後《さいご》に何もなくなるの、あたりまえじゃないかという話です。死ぬことばっかり考えないで、そこらへんのところを考えてみてもいいんじゃないの？

人間のすべてのことは、いつかわかりますか？

先生は「人間科学」というものをやっていらっしゃると読みました。科学というと数字で示《しめ》されるとか、実験《じっけん》をいろいろ積《つ》み重《かさ》ねて結果《けっか》を出すように思いますが、人間もそういうふうに把握《はあく》できますか。それに、なぜそういう学問をしているのですか。また、人間についてのすべてのことは、いつごろになったらわかるんですか。

一馬《かずま》くん（14歳《さい》）中二・熊本県《くまもとけん》

科学というのを、外の世界、つまり客観的《きゃっかんてき》に計ることができるものだと考える人は多いけど、その前にね、学問には、もう一つ、大きな役割《やくわり》があってね。それは、前にも言ったけど、自分の頭を整理するということだと、

ぼくは思っています。

で、どう自分の頭を整理するかということだけど、それはものの見かたとか考えかたのゴチャゴチャになっているものを整理しようというだけのことなんです。なぜ「人間（科学）」かと言うと、とにかく、自分の頭を整理するということだって、人間がやってることにはちがいがないでしょ。で、なぜ脳《のう》かといえば、人間がものを考えるということが、そもそも脳《のう》がなくちゃ考えられないんだから、ってことです。

つぎに、人間を、いわゆる科学的《かがくてき》に客観的《きゃっかんてき》に把握《はあく》できるかということ。

まずキミは、「最後《さいご》にはわかる」という誤解《ごかい》を持ってます。でも、それは科学に関《かん》してはウソですよ。科学が進歩するといろいろなことがわかるようになると、十九世紀《せいき》、二〇世紀《せいき》はよく言ったんだけど、それはまったくのウソ。つまり、わかることはわかる、でもわからないことはやっぱりわからない。ある程度《ていど》、自分の頭の整理くらいはつくかもしれないけれどね。だから、すべてがわかるなんてことは、ありえません。そもそも「すべて」ってなんだ？

それにね、「数字で示《しめ》せる」っていうけど、数字で示《しめ》せるものは数字で示《しめ》せるんですよ。でも、数字はあくまでも数字ですよ。交番の前に、「本日の交通事故《じこ》　死者一名」って書いてあったとして、死者が一名だということは数字で示《しめ》せるけど、じゃ、家族はどう思っているかは、数字で示《しめ》せないでしょう。同じことが数字になるかならないかは、見かたによってちがうでしょう？

「科学というと数字で示《しめ》されるとか、実験《じっけん》をいろいろ積《つ》み重《かさ》ねて結果《けっか》を出すように思います」とかいていているけれど、じつは、この定義《ていぎ》自体、ずいぶん勝手な定義《ていぎ》なんだ。じゃ、数字で示《しめ》せないのは科学じゃないのか？　そういうことを言うと、昆《こん》虫《ちゅう》の分類学《ぶんるいがく》やってる人とかは、きっと怒《おこ》るね。生意気言うんじゃないって。ものごとを単純化《たんじゅんか》して考えると、かならず偏見《へんけん》が生まれるんだよ。

昔の人は、少なくとも、わからないことがあるっていうことを前提《ぜんてい》にしてものを考える謙虚《けんきょ》さがあった。現代社会《げんだいしゃかい》って、現《げん》に都会に住んでいると、くまなく光が当たっている。で、影《かげ》がないということから、理性《りせい》でわからないことはないという暗《あん》黙《もく》の信仰《しんこう》が、知らず知らずのうちに生まれる。それか逆《ぎゃく》に、暗い部分だけ見て、暗い暗いと言ってみたりね。でも、はじめから明暗、両方があるんだ。

キミは悪気《わるぎ》があって聞いてるんじゃないのはわかってます。でも、はじめから、何もかもわかるはずだというのは、前提自体《ぜんていじたい》がまちがいなんです。

人間がなんでもできるんだと思ったら、大まちがいなんです。

おとなが自然《しぜん》を根こそぎにしてきた結果《けっか》、こういう発想が出てきてしまうんですよ。

あとがき

子どもの質問《しつもん》って、なんとも面白《おもしろ》い。もっとつまらないかと思ったら、ずいぶん面白《おもしろ》いですよね。

でも笑《わら》って答えるのと、怒《おこ》って答えるのと、半々くらいでしたね。子どもの質問《しつもん》に怒《おこ》っちゃいけませんが、子ども自体《じたい》に怒《おこ》るよりは、子どもをそうしちゃったおとなに、怒《おこ》ってるんですよね。まったく、なんという常識《じょうしき》をつけてんだ、ってね。

まあ、他人のことは言えませんが、親がまともに生活してたら、出ない質問《しつもん》が多いと思いましたね。まともというのは、昔でいう肉体労働《にくたいろうどう》あるいは自営業《じえいぎょう》です。考えてみれば、そういう職業《しょくぎょう》がほとんどなくなって、サラリーマンが増《ふ》えましたからね。サラリーマンの世界を子どもに納得《なっとく》させようとしても、それはなかなかむずかしい。課長《かちょう》、部長、社長なんてのも、抽象的《ちゅうしょうてき》ですからね。親はそれを「現実《げんじつ》」だと思ったりしてるんだけど。

虫なら手で触《ふ》れて、目に見えて、時にはやなにおいがしたりします。それが私《わたし》の考える現実《げんじつ》で、子どもの現実《げんじつ》って、むしろそういうものでしょ。でもおとなの世界に入ったら、そういうものは一文《いちもん》にもならない。だから「現実《げんじつ》じゃない」ってことになる。

以前《いぜん》は「子どもは子どもらしく」、子どもの世界で暮《く》らせたんですよね。その「子どもらしく」も消えかけてます。「男らしく」「女らしく」と同じで、「子どもらしく」なんて「封建的《ほうけんてき》」だ、なんて思ってるんじゃないんですかね。

いろいろ質問《しつもん》を受けて、答えるほうは楽しかったけど、心配にもなりました。これじゃ、大学で教えるより、小学校で教えなくちゃ。しみじみそう思いますよ。まあ、ときどき保育園《ほいくえん》に行ってますけどね。

二〇〇五年三月　養老孟司《ようろうたけし》

谷川俊太郎《たにかわしゅんたろう》さんからの四つの質問《しつもん》への養老孟司《ようろうたけし》さんのこたえ

「何がいちばん大切ですか？」

虫の標本《ひょうほん》に決まっているじゃないか！

「誰《だれ》がいちばん好《す》きですか？」

そんな、問題の起こるようなこと、聞かないでほしい……。

うっかりこんなところに書いたら、うちに持って帰れないでしょ。

「何がいちばんいやですか？」

あんまり嫌《きら》いなもの、ない。

だいたい死体扱《あつか》って、虫扱《あつか》ってるからね、イヤなものあるはずがない。

でも、なにか人から強制《きょうせい》されるのはイヤだね。

あ、一番嫌《きら》いなのは、「正義《せいぎ》」だな。

「死んだらどこへ行きますか？」

そんなこと知らないよ。オレも、知りたいよ。

養老孟司（ようろう・たけし）1937年、神奈川県鎌倉市生まれ。
東京大学医学部卒業。専攻は解剖学。現在、北里大学大学院教授、
東京大学名誉教授。89年『からだの見方』（筑摩書房）で、サント
リー学芸賞受賞。ほかの著作に『唯脳論』（青土社）、『バカの壁』『死
の壁』（新潮社）、『養老孟司の〈逆さメガネ〉』（PHP新書）ほか多数。

11 バカなおとなにならない脳
2005年4月20日　初版第1刷発行
2009年2月27日　初版第4刷発行

著者　養老孟司

装画・挿画　100%ORANGE／及川賢治
ブックデザイン　祖父江 慎 ＋ cozfish

発行者　下向 実
発行所　株式会社 理論社
〒162-0056　東京都新宿区若松町15-6
電話　03-3203-5791（営業）
03-3203-2577（出版）
ホームページ　http://www.rironsha.co.jp/

本文組版　デザインハウス・クー
本文印刷　加藤文明社
カバー・表紙印刷　方英社
製本　小泉製本

シリーズ企画・編集　清水 檀 ＋ 坂本裕美

Printed in JAPAN　ISBN4-652-07811-0 NDC300
四六判　20cm　214p

万が一、落丁・乱丁本がありましたら、小社あてにお送りください。
送料小社負担にてお取り替えいたします。